Leopold Bauke

Die Zulässigkeit der Nothwehr gegenüber beleidigenden Äusserungen,

seitens des Geistlichen, während des Gottesdienstes

Leopold Bauke

Die Zulässigkeit der Nothwehr gegenüber beleidigenden Äusserungen,
seitens des Geistlichen, während des Gottesdienstes

ISBN/EAN: 9783743679856

Hergestellt in Europa, USA, Kanada, Australien, Japan

Cover: Foto ©Lupo / pixelio.de

Weitere Bücher finden Sie auf **www.hansebooks.com**

Die

Zulässigkeit der Nothwehr

gegenüber

beleidigenden Aeußerungen

seitens des Geistlichen

während des Gottesdienstes.

Von

Leopold Bauke.

— · · ⊷⊷⊷✕⊷⊷⊷ —— · —

Berlin.

Carl Heymanns Verlag.

1894.

Inhaltsangabe.

I.
Einleitung.

I.

Einleitung.

§ 1.

Nach den Bestimmungen des Reichsstrafgesetzbuches soll eine Handlung, wenngleich bei ihr alle sonstigen Thatbestands= merkmale eines Delictes vorliegen, dann nicht mit Strafe belegt werden, wenn ihr ein Strafausschließungsgrund zur Seite steht. Diese „Gründe, welche die Strafbarkeit ausschließen," werden, wenn auch nur in unvollständiger Weise[1]) im vierten Abschnitt des allgemeinen Theiles aufgezählt. Zu ihnen gehört auch die Nothwehr, von welcher der Gesetzgeber im § 53 folgende Definition giebt:

„Eine strafbare Handlung ist nicht vorhanden, wenn die Handlung durch Nothwehr geboten war.

Nothwehr ist diejenige Vertheidigung, welche erforderlich ist, um einen gegenwärtigen, rechtswidrigen Angriff von sich oder einem Anderen abzuwenden.

Die Ueberschreitung der Nothwehr ist nicht strafbar, wenn der Thäter in Bestürzung, Furcht oder Schrecken über die Grenzen der Vertheidigung hinausgegangen ist."

In einer Entscheidung vom 24. November 1890 hat nun das Reichsgericht mit großer Entschiedenheit die Berufung auf diesen Strafausschließungsgrund auch demjenigen zugebilligt, welcher in der Kirche den Geistlichen am Weitersprechen von beleidigenden Aeußerungen zu hindern sucht, obwohl dadurch eine Störung des Gottesdienstes verursacht wird[2]).

---

[1]) Vgl. Olshausen, Kommentar zum Strafgesetzbuch für das Deutsche Reich, IV. Aufl. 1892, S. 219 Nr. 8.

[2]) Den Wortlaut der Entscheidung findet der Leser im Anhange ab= gedruckt. — Schon vorher war in zwei anderen Urtheilen, nämlich vom 5. April 1884 und vom 17. Januar 1887 (Entscheidungen Bd. 10. S. 49 und Bd. 16. S. 15) die Möglichkeit einer solchen Entscheidung in Erwägung gezogen.

In objektiver Beziehung liegt hier der Thatbestand des § 167 St. G. B's. vor, dessen Wortlaut folgender ist:

„Wer durch eine Thätlichkeit oder Drohung Jemand hindert, den Gottesdienst einer im Staate bestehenden Religions= gesellschaft auszuüben, ingleichen wer in einer Kirche oder in einem anderen, zu religiösen Versammlungen bestimmten Orte, durch Erregung von Lärm oder Unordnung den Gottesdienst oder einzelne gottesdienstliche Verrichtungen einer im Staate bestehenden Religionsgesellschaft vorsätzlich verhindert oder stört, wird mit Gefängniß bis zu drei Jahren bestraft."

Da die im allgemeinen Theil angeführten Strafaus= schließungsgründe unzweifelhaft bei allen strafbaren Hand= lungen berücksichtigt werden sollen, so kann es zwar an sich keinem Bedenken unterliegen, daß die Berufung auf Nothwehr auch im Falle des § 167 St. G. B's. zugelassen werden muß. Gleichwohl aber hat jene Entscheidung deshalb großen Anstoß erregt, weil in der Allgemeinheit und Unbeschränktheit, mit welcher sie die Zulässigkeit der Ehrennothwehr gegen Aeuße= rungen des Geistlichen im Gottesdienste ausspricht, eine Gefähr= dung des letzteren erblickt wird.

Selbstverständlich ist von Seiten der Personen, welche von den Folgen der Entscheidung in erster Linie betroffen werden, den Theologen, der lebhafteste Widerspruch laut ge= worden. Es befindet sich aber unter den Gegnern des Reichs= gerichts auch eine nicht unbeträchtliche Anzahl angesehener Juristen.

So gelangte in Folge der Entscheidung auf der dritten ordentlichen Generalsynode der evangelischen Landeskirche Preußens in der zwölften Plenarsitzung vom 25. November 1891 ein Antrag zur Diskussion[1]), wonach die gesetzgebenden Gewalten des Reiches gebeten werden sollten, zu § 53 Absatz 2 des deutschen Reichsstrafgesetzbuches einen Zusatz folgenden Inhalts zu machen:

„Ehrennothwehr gegen predigende Geistliche in den Versammlungen zur öffentlichen Erbauung ist unzulässig."

Zwar wurde dieser Antrag nicht angenommen, wohl aber an seiner Stelle der nachstehende:

„Die Petition in Anerkennung ihrer Dringlichkeit dem Evangelischen Ober=Kirchenrath mit der Bitte zu überweisen, den wichtigen Gegenstand im Benehmen mit der königlichen Staatsregierung in weitere Er= wägung zu nehmen."

---

[1]) Verhandlungen der dritten ordentlichen Generalsynode der evangelischen Landeskirche Preußens, herausgegeben von dem Vorstande der Generalsynode S. 539 ffg.

Zugegeben wurde dabei von vornherein, daß das Ver=
halten des Geistlichen, dessen Predigt in casu zu den unlieb=
samen Vorkommnissen Anlaß gegeben hatte, nicht zu billigen
gewesen sei, und von dem Synodalen Frick wurde ausdrück=
lich erklärt:

„Der Fall selbst ist freilich an sich nicht an=
gethan, für den betreffenden Geistlichen irgend Sym=
pathien zu erwecken, die Kommission war im Gegen=
theil durchaus einig in der allerschärfsten Verurtheilung
der Art, in welcher der betreffende Geistliche die Kanzel=
freiheit gemißbraucht hat, und ich bin ermächtigt, dies
mit allem Nachdruck hier zu erklären."

Diesem Urtheil soll auch hier in keiner Weise entgegen=
getreten, vielmehr mit dem Synodalen Frick von vornherein
anerkannt werden, daß Ausdrücke, wie: „Gestank ihrer Gott=
losigkeit, Knechte des Teufels, ekelhafte Heuchelei" u. f. w.
regelmäßig die Grenze weit überschreiten, bis zu welcher ein
Prediger kraft seines Berufes in seinen Ausdrücken gehen darf.
— Den einzelnen Fall geben wir völlig Preis, nur um das
vom Reichsgericht aufgestellte Princip ist es uns zu thun.

§ 2.

Schon auf der Generalsynode wurden in der Hauptsache
folgende Einwände gegen die Entscheidung des höchsten Ge=
richtshofes erhoben:

1. § 167 habe ebensogut seine Berechtigung wie § 53.
2. § 53 St. G. B's. dürfte hier deshalb nicht zur An=
   wendung kommen, weil in diesem Paragraphen ge=
   fordert werde, daß die Handlung „geboten" sei;
   davon könne aber in dem gedachten Falle garnicht
   die Rede sein.
3. Consequenterweise müßte auch die versammelte Ge=
   meinde gegen den Ruhestörer das Recht der Noth=
   wehr haben.
4. Es sei nicht ersichtlich, wie richterlicherseits festgestellt
   werden konnte, daß weitere Beleidigungen von Seiten
   des Geistlichen zu erwarten waren.
5. Nicht richtig sei der Satz, daß die Ausübung eines
   Rechtes niemals eine Störung involviren könne.
6. Die ganze Entscheidung stehe mit der im Volke
   herrschenden Anschauung von der Unantastbarkeit
   von Kanzel und Altar im Widerspruch und führe
   zu bedauerlichen Consequenzen.

Von diesen Einwendungen sind die vier ersten offenbar
hinfällig. Wie schon hervorgehoben, ist der § 53 eine Be=

ſtimmung des allgemeinen Theils, welcher für ſämmtliche, im beſonderen Theile aufgezählten Delicte gelten ſoll, ſofern nicht dort die Unanwendbarkeit ausdrücklich vorgeſchrieben wird¹). Das muß ohne weiteres einleuchten, wenn man ſich vergegenwärtigt, daß der im § 167 angeführte Thatbeſtand der Störung des Gottesdienſtes an ſich eine ſtrafbare Handlung iſt, und der § 53 ausdrücklich mit den Worten beginnt: Eine ſtrafbare Handlung iſt nicht vorhanden, wenn u. ſ. w. Welchen Sinn ſollte denn auch die Ueberſchrift des Abſchnittes haben, in welchem der § 53 ſteht: Gründe, welche die Strafe ausſchließen oder mildern.

Ebenſo ungerechtfertigt iſt es, wenn weiter behauptet wird, „geboten" ſolle ſoviel heißen, als daß kein anderer Schutz möglich ſei; man könne ſich aber nicht gut denken, daß im vorliegenden Falle kein anderer Schutz ſollte möglich geweſen ſein, als durch den Zuruf: Ruhe, Ruhe! Es ſtände doch jedem frei, hinterher den Geiſtlichen, der ſeine Befugniſſe überſchreitet, zu belangen, ſei es nun bei der vorgeſetzten Behörde im Beſchwerdewege, ſei es bei dem Strafrichter im Wege der Klage. Wenn jedoch der erſte Satz des § 53 beſagt:

Eine ſtrafbare Handlung iſt nicht vorhanden, wenn die Handlung durch Nothwehr geboten war,

ſo geht daraus nicht hervor, daß die Handlung dann keine Nothwehr iſt, wenn man in irgend einer anderen Weiſe ſpäter Genugthuung für den rechtswidrigen Angriff erlangen kann. Das bleibt ja ſchließlich in einem civiliſirten Staate jedermann bei faſt jeglichem Eingriffe in ſeine Rechte unbenommen. Die ſpätere Belangung bei dem Strafrichter iſt keine Vertheidigung und zumal keine Vertheidigung gegen einen gegenwärtigen Angriff, wie das Geſetz ſelbſt die Nothwehr definirt. Man muß deshalb in dieſem Punkte dem Reichsgericht völlig beipflichten, wenn es behauptet:

„Das Weggehen aus der Kirche konnte den Angeklagten gegen die Fortſetzung der Beleidigung nicht ſchützen; er hörte ſie zwar dann nicht mehr; der Geiſtliche konnte aber erſt recht vor der verſammelten Gemeinde den Vorſteher derſelben zu ſchmähen fortfahren; das Verlaſſen der Kirche war alſo kein Mittel der Abwehr."

Da alſo eine andere Art der Vertheidigung als die gewählte nicht gut erfindlich iſt, ſo war ſie im Sinne des Geſetzes geboten.

¹) z. B. § 173 (Blutſchande). Verwandte und Verſchwägerte abſteigender Linie bleiben ſtraflos, wenn ſie das achtzehnte Lebensjahr nicht vollendet haben. Strafminderjährige Perſonen d. h. ſolche zwiſchen dem zwölften und achtzehnten Lebensjahre ſind demnach im Widerſpruche mit dem § 56 St. G. B's., welcher im allgemeinen Theile ſteht, freizuſprechen, auch wenn ſie die zur Erkenntniß ihrer Strafbarkeit erforderliche Einſicht beſeſſen haben.

Hiernach kann allerdings denjenigen nicht zugestimmt werden, welche die im Gottesdienste von Geistlichen ange= griffenen Personen lediglich auf den Beschwerde= oder Klage= weg verweisen wollen.

Nicht minder hinfällig ist der dritte Grund, daß con= sequenterweise der versammelten Gemeinde das Recht zustehen müsse, gegen den Ruhestörer Nothwehr zu üben. Denn es ist ein unbestrittener Satz der Strafrechtswissenschaft, daß gegen den die Nothwehr Ausübenden nicht wiederum Nothwehr geltend gemacht werden kann. Dieser Gedanke hat in der bekannten Parömie Ausdruck gefunden: Gegen Nothwehr keine Gegenwehr. Seine Richtigkeit erhellt daraus, daß die Ausübung der Noth= wehr die Ausübung eines Rechtes ist, demnach ein rechts= widriger Angriff, wie ihn der § 53 als Erforderniß der Noth= wehr aufstellt, garnicht vorliegt. Folglich befindet man sich im Verhältniß zu dem Nothwehrausübenden im Nothstande (cf. § 54 St. G. B's.), aber nicht in der Nothwehr.

Auch in dem vierten Punkte wird man den Gegnern des Reichsgerichts nicht Beifall schenken können. Ein Synodale hatte sich auf die Seite des Reichsgerichts gestellt und her= vorgehoben, daß dieses an die thatsächlichen Feststellungen des Richters der ersten Instanz gebunden sei. Letzterer habe aber den verhängnißvollen Fehler begangen, für thatsächlich festgestellt zu erachten, daß weitere Beleidigungen zu er= warten gewesen seien. Er begreife nicht recht, wie der Instanz= richter zu dieser Feststellung gelangen konnte.

Die Möglichkeit der Erkenntniß für den Angegriffenen, ob eine Fortsetzung von Ehrenkränkungen zu erwarten ist oder nicht, darf jedoch keineswegs als ausgeschlossen betrachtet werden. Wenn mein Feind den ersten Reim eines auf mich gemachten Spottgedichts zu singen beginnt, so ist z. B. die Fortsetzung wohl mit Sicherheit zu erwarten[1]). Oder man müßte bei allen anderen Angriffen ebenfalls behaupten, daß man die thatsächliche Ausführung oder Fortsetzung nicht vorhersehen konnte, weil stets die Möglichkeit vorliegt, daß der Gegner nach der ersten Verletzung aufhört oder es bei der bloßen Drohung bewenden läßt.[2])

§ 3.

Gewisse Berechtigung dagegen scheinen uns die beiden letzten Einwürfe zu haben. Vor allem wird es nicht bestritten

---

[1]) Man denke z. B. an das beim Haberfeldtreiben übliche Verlesen des Sündenregisters seitens des Haberfeldmeisters.

[2]) Ob jemand äußert: Den wollen wir einmal gehörig durchprügeln! oder: Dem wollen wir einmal alle seine Schandthaten ordentlich vorhalten! steht sich in Bezug auf die Wahrscheinlichkeit der Fortsetzung ganz gleich.

werden können, daß aus den Gründen der Reichsgerichtsent=
scheidung sich bedenkliche Consequenzen ableiten lassen. Denn
danach hätte ganz allgemein ein jeder das Recht, den Geistlichen
in seiner Rede zu unterbrechen, wenn dieser sich einer Aeußerung
bezüglich seiner Person bedient, welche sich in juristischer Hin=
sicht als Beleidigung qualifizirt, falls nur eine Fortsetzung
dieser ehrenkränkenden Bemerkungen zu befürchten ist, sollte
auch die Unterbrechung den Thatbestand des § 167 St. G. B's.
enthalten. Läßt sich der Seelsorger dadurch nicht irre machen,
sondern fährt er in dem, was er sagen wollte, fort — etwa
weil er sich hierzu kraft seines Amtes für befugt erachtet —
so könnte sich der Betroffene noch ganz anderer Mittel be=
dienen. Denn gesetzlich ist ja jede „erforderliche" Vertheidigung
gestattet, und es waltet unter den Strafrechtslehrern kein Zweifel
ob, daß gegebenen Falls in der Nothwehr auch die Tödtung
des Angreifenden straflos vollzogen werden kann.

Noch frappanter aber ist die Consequenz, daß wenn der
Angegriffene zu der Rüge schweigt[1]), sei es, weil er sie als
berechtigt anerkennt, sei es, weil er sich nach Beendigung des
Gottesdienstes weitere gerichtliche oder ähnliche Schritte vor=
behält, jeder unbetheiligte Zuhörer für ihn die Nothwehr aus=
üben, also die Andacht der Gemeinde stören darf. Denn nach
dem klaren Wortlaut des § 53: „um einen gegenwärtigen,
rechtswidrigen Angriff von sich oder einem Anderen ab=
zuwenden", ist nicht nur der Angegriffene selbst, sondern jeder
Dritte zur Abwehr des rechtswidrigen Angriffs befugt[2]). ·

Man wird nicht umhin können, diese Consequenzen als
bedenklich zu bezeichnen. Selbst wer dem religiösen Leben
fern steht, wird zugeben müssen, daß von einer Stätte der
Andacht, wo wir Menschen uns in Demuth vor Gott beugen
sollen, nicht mehr die Rede sein kann, sobald dem Geistlichen,
wenn er bona fide eine die Sünden seiner Gemeinde strafende
Aeußerung gemacht hat, von jedem beliebigen Zuhörer über
den Mund gefahren werden darf. Auch die Bestimmung des
letzten Absatzes des Nothwehrparagraphen, wonach die Ueber=
schreitung der Nothwehr nicht strafbar ist, wenn der Thäter
in Bestürzung, Furcht oder Schrecken über die Grenzen der
Vertheidigung hinausgegangen ist, verschlimmert die Sachlage
erheblich.

---

[1]) Aus dem Schweigen kann sicherlich nicht ohne Weiteres ein Consens
gefolgert werden, ganz abgesehen davon, daß der Angriff bei der Nothwehr nur
ein rechtswidriger, nicht aber ein strafbarer zu sein braucht, und es hier
dahingestellt bleiben kann, ob durch Einwilligung außer der Strafbarkeit auch
noch die Rechtswidrigkeit aufgehoben wird.
[2]) Auch wider Willen des Angegriffenen (cf. Binding, Handbuch des
Strafrechts S. 737.)

Drei Bedenken sind es in der Hauptsache, welche sich gegen die Deductionen des Reichsgerichts geltend machen lassen:

1. Wird diejenige Vertheidigung gegen rechtswidrige Angriffe, bei welcher der Angegriffene (sog. Benöthigte) Rechte oder Rechtsgüter dritter an der Sache unbetheiligter Personen verletzt, noch durch den Schutz des Nothwehrparagraphen gedeckt, oder kommt der § 53 dem Benöthigten allein dann zu statten, wenn er Rechtsgüter nur des Angreifers verletzt? — Von der Beantwortung dieser Frage wird es abhängen, ob in unserem Falle der Störer des Gottesdienstes durch die Nothwehr entschuldigt wird, indem er nicht allein ein Rechtsgut des angreifenden Geistlichen, sondern das Rechtsgut des religiösen Friedens verletzt, dessen Träger unzweifelhaft die ganze Gemeinde ist.

2. Können diejenigen Aeußerungen des Seelsorgers, welche zwar an sich ehrenkränkend sind, aber bei Ausübung der seelsorgerischen Thätigkeit nicht gut vermieden werden können, als rechtswidrige Angriffe im Sinne des § 53 St. G. B's. angesehen werden, gegen welche Nothwehr gestattet ist?

3. Muß nicht zwischen dem angegriffenen und dem bei der Vertheidigung verletzten Rechtsgut eine gewisse Verhältnißmäßigkeit bestehen, so daß die Nothwehr da ausgeschlossen ist, wo, wie in unserm Falle, zwischen Beleidigung einerseits und Störung des Gottesdienstes andrerseits ein solches Verhältniß wohl nicht vorhanden ist?

Zur Prüfung und Beantwortung dieser Bedenken wird es nothwendig sein, daß wir uns zuvörderst mit dem Wesen und Begriff der Nothwehr befassen und alsdann zweckmäßiger Weise die Beantwortung obiger Fragen in umgekehrter Reihenfolge vornehmen.

Immer aber wird im Auge zu behalten sein, daß alle Fragen hier nur vom Gesichtspunkt der lex lata, nicht der lex ferenda beurtheilt werden sollen. Denn Vorschläge, wie künftig die Gesetzgebung streitige Verhältnisse regeln möchte, können so lange auf sich beruhen bleiben, als — wie sich im Folgenden zeigen wird — man mit dem bestehenden Rechte wohl auskommen kann.

II.

§ 4.

Wenn sich auch der Ausdruck „Nothwehr" erst in den Urkunden des dreizehnten Jahrhunderts nachweisen läßt, so hat doch der Grundsatz, man könne sich gegen Gewalt mit Gewalt vertheidigen, zu allen Zeiten gegolten. Damit soll freilich nur behauptet werden, daß er im Rechtsbewußtsein bestanden hat, nicht aber gesagt sein, daß er auch schon immer rechtliche Anerkennung gefunden hätte. Bei den Römern ist er zwar nicht schon zu Cicero's Zeiten [1]), wohl aber unter den Kai= sern ausdrücklich anerkannt worden. Demgemäß wird er auch im corpus juris erwähnt und wiederholt gutgeheißen, wie beispiels= weise aus folgender Pandektenstelle ersichtlich ist: Vim enim vi defendere omnes leges omniaque jura permittunt.[2]) Auf dem= selben Standpunkt stehen das kanonische und altgermanische Recht. Doch hat in den Volksrechten sich noch kein fest be= grenzter Begriff dieses eigenartigen Rechtes herausgebildet, sondern die aus Anlaß der Nothwehr erfolgten Tödtungen werden zu den Fällen erlaubter Selbsthülfe und Selbstrache gerechnet. Erst in den Rechtsbüchern des Mittelalters tritt uns der ausgebildete Begriff entgegen; der Schwabenspiegel bedient sich im Gegensatz zum Sachsenspiegel auch schon des heutigen noch herrschenden Ausdruckes.

Eine ganz ausführliche Darstellung hat die Nothwehr in der Carolina erhalten, in welcher die Artikel 139 bis 145 hiervon handeln. Schwarzenberg giebt nicht nur schon eine Definition des Begriffes[3]), sondern er behandelt auch die Nothwehr gegen ein Weib, die aberratio ictus bei Ausübung der Vertheidigung und in sehr ausführlicher Weise den Beweis der geschehenen Nothwehr. Uebrigens gestattet die C. C. C. nur die Nothwehr zum Schutze von Leib und Leben. Aber allmählich schwanden die Beschränkungen, da sich in der Wissenschaft der Gedanke immer mehr Bahn brach, daß Noth= wehr bei Angriffen gegen alle Rechtsgüter zulässig und dem= gemäß zu den allgemeinen Strafausschließungsgründen zu

---

[1]) Trotzdem aus seiner Rede pro Milone, wo er von einer lex non scripta sed nata spricht, das Gegentheil hervorzugehen scheint. Vgl. hierüber Pernice, Marcus Antistius Labeo Bd. II. S. 21 ffg.

[2]) Vgl. l. 45 § 4 D. ad leg. Aquil. außerdem noch l. 3. D). de justitia et jure und l. 1 § 27 D. de vi.

[3]) Die C. C. C. hat allerdings die Bestimmungen der Bambergensis nicht ganz unverändert übernommen.

zählen sei. Auf diesem Standpunkt befindet sich auch unsere heutige Gesetzgebung und Doctrin.

Der Wortlaut des § 53 St. G. B.'s ist fast wörtlich dem preußischen Strafgesetzbuch vom 14. April 1851 entnommen. Wenn auch der Gesetzgeber in der gedachten Definition die Wehrhaftigkeit aller Güter nicht besonders hervorgehoben hat, so kann dieselbe doch nach der Fassung des Paragraphen um so weniger bestritten werden, als es in den Motiven ausdrücklich heißt: „Als Nothwehr erachtet § 53 diejenige Vertheidigung, welche erforderlich ist, um einen gegenwärtigen, rechtswidrigen Angriff auf Leib, Leben, Ehre oder Vermögensgegenstände von sich selbst oder Anderen abzuwenden." Demnach ist die Zulässigkeit der Nothwehr gegen Ehrangriffe nicht zu bezweifeln.

§ 5.

Die Legaldefinition der Nothwehr im Reichsstrafgesetzbuch wird fast allgemein als eine der am besten gelungenen bezeichnet, eine Behauptung, der man sich, wie der vorliegende Fall zeigt und die Folge lehren wird, doch nur mit Vorbehalt anschließen kann. Jedenfalls ist es erfreulich, daß in Bezug auf die Interpretation dieses § 53 die Meinungsverschiedenheiten nicht so groß wie bei andern sind. Es besteht zunächst Einigkeit darüber, daß trotz des Wortlautes des Gesetzes, welches davon spricht: „wenn die Handlung geboten war", doch die Ausübung der Nothwehr keine Pflicht, sondern lediglich ein Recht ist[1]), und daß dieses Recht auch ausgeübt werden darf, ohne daß man sich zuvor an die etwa in der Nähe befindliche obrigkeitliche Hülfe wenden muß. Ferner herrscht darin Uebereinstimmung, daß die in der Nothwehr begangene Handlung nicht nur in subjectiver, sondern auch in objectiver Hinsicht nicht strafbar ist.[2]) Schwierigkeit hat es verursacht, der Ansicht zum Siege zu verhelfen, daß eine rechte Nothwehr auch dann vorliege, wenn man sich dem Angriffe hätte durch die Flucht entziehen können. Die C. C. C. hatte im Artikel 140 die Nothwehr ausdrücklich nur dann gestattet, wenn der Benöthigte ohne Gefahr oder Verletzung seines Leibes, Lebens, Ehre und guten Leumunds nicht entweichen könne, und die Nachwirkung dieser Anschauung kann bis auf den heutigen Tag verfolgt werden. Doch ist der Kampf gegen diese entwürdigende Zumuthung zumal in diesem Jahrhundert mit solcher Energie und Geschicklichkeit geführt worden,

---

[1]) Vgl. Olshausen a. a. O. S. 236, Nr. 2.
[2]) ibidem S. 237, Nr. 3.

daß man das Erforderniß wohl als abgethan betrachten kann. [1)]

Streit dagegen besteht darüber, ob die „erforderliche“ Ver= theidigung b. h. die Verhältnißmäßigkeit der Mittel der Ver= theidigung zu denen des Angriffs nach der subjectiven Auf= fassung des Angegriffenen oder nach der objectiven Sachlage beurtheilt werden soll. Das Gleiche gilt von der Frage, ob die Nothwehr auch gegen Unzurechnungsfähige, wie Kinder, Wahnsinnige u. s. w. zulässig ist. Während eine Partei das Vorhandensein wirklicher Nothwehr auch in diesem Falle bejaht, wird sie von der andern verneint.

Auch darüber besteht keine Einigkeit, ob die Nothwehr in einem Gegenangriff d. h. Rechtsgüterverletzung des Angreifenden nur bestehen kann, oder ob sie darin bestehen muß. Die letztere Ansicht dürfte wohl die richtige sein, denn diejenigen Handlungen der Vertheidigung, welche keine Rechtsgüterverletzungen enthalten z. B. das Erheben des Schildes, um einen Streich des Gegners abzuwehren, können als Nothwehr strafrechtlich nicht in Betracht kommen [2)]. Es wäre, wie schon bemerkt, unerfindlich, weshalb die Nothwehr in einem Abschnitt abgehandelt worden ist, welcher die Ueberschrift trägt: Gründe, welche die Strafe ausschließen oder mildern, wenn nicht die unerläßliche Voraussetzung die wäre, daß eine sonst strafbare Handlung begangen ist, was die bloße Vertheidigung sicherlich nicht ist [3)].

Andrerseits herrscht insofern wieder Uebereinstimmung, als man im Allgemeinen der Ansicht ist, daß ein rechtswidriger Angriff auch dann vorliegt, wenn die That des Angreifers aus irgend welchem Grunde z. B. wegen eines Strafausschließungs= grundes der Strafbarkeit entbehrt, ohne damit rechtmäßig ge= worden zu sein. Ferner ist man allgemein der Ansicht, daß der Angriff kein unerwarteter zu sein braucht, er vielmehr auch dann schon als gegenwärtig im Sinne des Gesetzes anzusehen ist, wenn seine Ausführung zu erwarten ist, was z. B. bei einer drohenden Bewegung anzunehmen ist. Schon die C. C. C. hatte sich zu dieser Anschauung bekannt, denn im Artikel 140 heißt es: „ist auch nach seiner Gegenwehr bis er geschlagen wird, zu warten nicht schuldig.“

Die sonstigen Einzelheiten bezüglich der Nothwehr=Erforder=

[1)] Treffend sagt Schütze, Lehrbuch des Strafrechts, 2. Aufl. S. 110: „Der Staat, welcher Davonlaufen fordern wollte, würde Staatsbürger wün= schen, die Memmen sind.“

[2)] Manche bezeichnen solche Fälle als uneigentliche Nothwehr, womit nicht allzuviel gewonnen ist.

[3)] Derselben Ansicht sind mehrere Schriftsteller, u. a. auch Binding a. a. O. S. 731.

nisse sind hier von geringerem Interesse und können deshalb
unerwähnt bleiben.

§ 6.

Näher dagegen müssen wir uns mit der Frage befassen,
ob bei der Nothwehr Verhältnißmäßigkeit zwischen dem an=
gegriffenen Rechtsgute und der durch die Vertheidigung erfolgten
Verletzung bestehen muß[1]), womit zugleich das letzte der drei
Bedenken, welches wir zuerst behandeln wollen, zur Erledigung
gelangen wird.

Theorie und Praxis verneinen dieses Erforderniß mit
seltener Einmüthigkeit[2]) und vertreten den Standpunkt, daß auch
das geringfügigste Rechtsgut unter Umständen mit schwerer
Gesundheitsbeschädigung oder gar Tödtung des Gegners ver=
theidigt werden darf. Schon aus dem im Anhange beigefügten
Reichsgerichtsurtheil ist diese Meinung herauszulesen, denn es
heißt dort: „Das Recht der Selbstvertheidigung gilt überall,
wo die Voraussetzungen des § 53 St. G. B's. vorliegen; das
Recht braucht dem Unrecht nirgends zu weichen: Noth=
wehr ist gegen jedermann und überall zulässig, soweit
die gesetzlichen Voraussetzungen zutreffen, d. h. soweit
ein gegenwärtiger rechtswidriger Angriff bestand, zu dessen
Abwendung die Vertheidigung erforderlich war." Ganz un=
zweideutig drückt den obigen Gedanken jedoch die Reichsgerichts=
entscheidung vom 13. November 1882 aus[3]), wo der Angeklagte,
als jemand Miene machte, die ihm gehörige Wiese zu betreten,
den Stock wie zum Schlagen erhoben und dabei dieser Drohung
durch die Worte Nachdruck verliehen hatte: „Keinen Schritt
weiter, oder ich schlage, Sie verrecken!" Wegen Vergehens
gegen den § 240 Str. G. B's. unter Anklage gestellt, wurde
der Angeklagte von der ersten Instanz auch in der That ver=
urtheilt. Das Reichsgericht hob jedoch diese Entscheidung auf,
da die Drohung keine widerrechtliche gewesen sei. Denn —
heißt es in dem angeführten Urtheil — „war für diesen
unterstellten Fall die Entfernung des unberechtigten Ein=
dringlings nicht anders thunlich, als durch eine derartige
Gewaltthätigkeit, so war auch eine Bedrohung nicht wider=
rechtlich . . ." Mit dürren Worten ist hier also der Rechts=
grundsatz aufgestellt, daß man eventuell denjenigen, der unser
Grundstück wider unseren Willen betritt, todtschlagen darf[4]).

---

[1]) Wohl zu unterscheiden von der Verhältnißmäßigkeit der Mittel der
Vertheidigung zu denen des Angriffs, welche § 53 fordert.
[2]) Vgl. Olshausen a. a. O. S. 239. Nr. 11.
[3]) Rechtsprechung des Reichsgerichts in Strafsachen, Band IV S. 806.
[4]) Neuerdings spricht die Entscheidung vom 12. December 1892 denselben
Grundsatz aus.

Die Doctrin gelangt ebenfalls fast übereinstimmend zu demselben Resultate. So äußert sich Binding folgendermaßen[1]): „Da alle rechtlichen Eristenzen sich gegen widerrechtliche Angriffe vertheidigen dürfen, und mit der Energie des Angriffs auch die zulässige Kraft der Nothwehr steigen muß, falls nicht das Recht dem Angriff unterliegen will, so ist der Umfang des Nothwehrrechts unabhängig von dem Werthe des angegriffenen Rechtsgutes. Eine Proportionalität zu fordern zwischen der Energie der Vertheidigung und der Bedeutung des angegriffenen Gutes — wie manche früheren Strafgesetzbücher gethan haben — heißt dem energischen Angreifer auf geringere Güter den Sieg offiziell in die Hand spielen. Mit vollem Fug hat das neue gemeine Recht von dieser Forderung abgesehen."

Auch Berner steht auf demselben Standpunkte, indem er der Auffassung ist, daß die entgegengesetzte Ansicht mit dem Fundamentsatze der Nothwehr, wonach das Recht dem Unrecht nicht zu weichen brauche, in Widerspruch stehe[2]). Ebenso sind Hälschner, v Lißt, Meyer, Merkel, Olshausen, Oppenhof, Rubo, Schütze und v. Schwarze, überhaupt fast alle, welche sich mit diesem Gegenstand literarisch beschäftigt haben, derselben Meinung.

Nur v. Buri[3]), Geyer[4]) und Otto[5]), soviel wir sehen, sind anderer Ansicht. Der erste zeigt an einer Reihe von Beispielen, wohin die strikte Anwendung des von ihm bekämpften Princips im praktischen Leben führen kann; der letzte meint, es verstehe sich von selbst, daß die Mittel der Vertheidigung mit einem verschiedenen Maße gemessen werden müßten, je nachdem es sich um ein mehr oder minder werthvolles Gut als Angriffsobjekt handelt. Deshalb sei es wohl gerechtfertigt, daß der Reiche auf den Dieb schieße, der ihm sein ganzes Vermögen geraubt, aber nicht auf den, der ihm nur einige Thaler genommen hat. Geyer endlich stützt seine Ansicht darauf, daß das Princip der Gerechtigkeit, welches für jeglichen Zwang maßgebend sei, verletzt werde, sobald die Nothwehr die Schranken der Verhältnißmäßigkeit überschreitet.

Vergleicht man diese kleine Anzahl von Schriftstellern mit der geschlossenen Majorität derjenigen, welche die Verhältnißmäßigkeit der Vertheidigung zur Bedeutung des angegriffenen Rechtsgutes verwerfen, so ist es fast kühn, der herrschenden

---

[1]) Binding a. a. O. S. 752.
[2]) Berner, Lehrbuch des Deutschen Strafrechtes, 16. Aufl. S. 102 ffg.
[3]) v. Buri im Gerichtssaal, Jahrgang 1878 S. 461.
[4]) Grundriß zu Vorlesungen S. 80 ffg.
[5]) Aphorismen zu dem Allgemeinen Theile des Strafgesetzbuches für das Deutsche Reich zu § 53 Nr. 6.

Meinung entgegenzutreten. Indessen dürften dies sogleich zwei
Umstände rechtfertigen. Einmal wird hier der Ausdruck „Verhältnißmäßigkeit" nicht in dem landläufigen Sinne gebraucht,
indem andere wie die sonst üblichen Factoren mit einander verglichen werden, so daß dem Resultate nach die hier vertheidigte
Auffassung weit mehr mit der der Majorität, als mit der der
Minorität sich deckt, sodann ist die angebliche Harmonie unter
der Mehrzahl in Wirklichkeit deshalb gar nicht vorhanden,
weil, wie schon hervorgehoben wurde, die Meinungen darüber
getheilt sind, ob es auch Nothwehr gegen Unzurechnungsfähige
gäbe, oder ob alsdann nicht vielmehr Nothstand vorliege.
Wird nun aber die Grenzlinie zwischen Nothwehr und Nothstand verschieden gezogen, so liegt auf der Hand, daß troß
übereinstimmender Grundsätze über die Befugnisse des Benöthigten die Beurtheilung vieler Fälle auseinandergeht.

§ 7.

Zahlreiche Paragraphen unseres Strafgesetzbuches haben
durch die konstante Auslegung in Wissenschaft und Praxis
geradezu eine andere Physiognomie erhalten[1]. Auch bezüglich
unseres § 53 ist vorhin schon erwähnt worden, daß die Doctrin
sich troß des gegentheiligen Wortlauts des Gesetzes darüber
einig sei, daß die Ausübung der Nothwehr keine Pflicht vor-
aussetzt, sondern lediglich ein Recht ist. Obwohl ferner eben-
dort von dem rechtswidrigen Angriff gesagt wird, daß er als
solcher immer ein unverschuldeter ist, wird doch das Erforderniß
der Schuldlosigkeit auf Seite des Angegriffenen, wie auch
schon erwähnt wurde, von einer großen Anzahl von Schriftstellern bestritten. Noch skrupeloser wird der § 54, welcher
vom Nothstande handelt, interpretirt.

Hiernach wird es kaum befremden, wenn nicht gerade der
Wortlaut des Gesetzes unserm Grundsatz der Proportionalität
entgegengehalten werden wird, sondern es vielmehr innere
Gründe sind, welche gegen ihn geltend gemacht werden.

Wie? sagt man, würde nicht die ganze Grundlage des
Nothwehrrechts erschüttert werden, wenn man thatenlos dem
weichen sollte, der uns ein geringwerthiges Vermögensstück
gewaltsam entreißen will. Entspricht es nicht dem allgemeinen
Rechtsgefühl, daß auch das unbedeutendste Gut mit Aufwendung
aller Kräfte vertheidigt werden darf, und daß beispielsweise
der Wanderer den Räuber, welcher ihm eine fast werthlose
Sache, etwa einen Hut oder Stock entreißen will, falls alle

---

[1] Vgl. die Bedrohung (§ 241) durch das Erforderniß, daß der Drohende
den Willen hat, Furcht vor der Verwirklichung der Drohung einzuflößen, —
der Versuch (§ 43) durch die bekannten Entscheidungen vom 24. 5. und
10. 6. 80.

sonstigen Mittel der Vertheidigung versagen, über den Haufen
schießen darf? Das scheint so klar und einleuchtend zu sein,
daß jeder Widerspruch verstummen müßte. Und auch der
Verfasser räumt ohne Weiteres ein, daß ihm die Berechtigung
zur Tödtung unter den angegebenen Umständen ganz zweifellos
zu sein scheint. Aber aus dieser Zustimmung im Ergebniß
folgt nicht die Uebereinstimmung in der Begründung. Sicherlich
ist es richtig, daß zwischen jenem armseligen Gegenstande und
dem höchsten aller irdischen Güter keine Verhältnißmäßigkeit
besteht, jedoch ebenso sicher ist es auch, daß hierbei dieses
werthlose Objekt in erster Linie garnicht in Frage kommt.
Was der Wanderer vertheidigte, war ja garnicht blos sein
Hut oder Stock, sondern noch etwas ganz anderes. Er trat
für das Recht ein, und die Vertheidigung des Rechtes ist allerdings viel werthvoller als ein Menschenleben, wenigstens so
lange das staatliche Zusammenleben von Menschen durch den
Bestand der Rechtsordnung bedingt ist.

Der Beweis, daß wirklich die Rechtsordnung und nicht
blos der Hut in Frage stand, kann mit Leichtigkeit geführt
werden. Stand thatsächlich nur der Schutz dieses Vermögens-
objekts in Frage, so könnte es gar keinen Unterschied machen,
ob ein Räuber mir den Hut nehmen will, oder etwa ein auf
einer Mauer sitzender Knabe nach ihm greift, während ich an
ihr entlang gehe, oder ob ein augenscheinlich geistesgestörter
Mensch ihn mir entreißt [1]). Warum wird man sich denn nicht
scheuen, gerade den Wegelagerer, aber nicht auch das Kind
oder den Geisteskranken, wenn man anders nicht das Seine
vertheidigen kann, niederzuknallen? Warum schlage ich denn
nicht auf meinen Reisegefährten ein, mit dem ich zusammen
kampire und der in der Schlaftrunkenheit nach meiner Decke
oder nach meinem Hute greift? Das Recht soll ja dem
Unrechte niemals zu weichen brauchen und ein Recht,
mir meine Reiseutensilien wegzunehmen, hat mein Genosse
doch sicherlich nicht! Die Antwort kann nur die sein: Das
Kind, der Geisteskranke, der Schlaftrunkene greifen wohl meine
Güter, aber nicht die Rechtsordnung an, denn die letztere
wird nur dann in Frage gestellt, wenn ein zurechnungsfähiger Mensch absichtlich gegen ihre Bestimmungen handelt [2]).

---

[1]) Selbstverständlich werden in allen diesen Beispielen die übrigen gesetzlichen Erfordernisse der Nothwehr stillschweigend vorausgesetzt.
[2]) Die genauere Formulirung findet man S. 15.

§ 8.

Nun werden diejenigen, welche Nothwehr gegen Un-zurechnungsfähige nicht zulassen wollen, darauf hinweisen, daß hier gar kein Benöthigter im Sinne des Gesetzes vor-handen sei. Gewöhnlich wird auch noch ausgeführt, daß die Parömie Unrecht gegen Recht, mit welcher das Verhältniß des Angreifers zu dem Angegriffenen im Sinne des § 53 an-schaulich gemacht werden soll, dann nur vorliege, wenn der Angriff von einem denkenden Menschen ausgeht. Ebenso-wenig wie ein Thier Unrecht begehen könne, ebensowenig wäre ein Unzurechnungsfähiger dazu im Stande. Selbst dieses zu-gegeben, so bliebe doch immer hier noch soviel bestehen, daß gegen zurechnungsfähige Personen auch das geringste Ver-mögensobject selbst dann mit den schärfsten Mitteln vertheidigt werden könne, wenn diese zwar eine rechtsverletzende Handlung begehen, aber garnicht daran denken, absichtlich fremde Rechte zu kränken, oder gegen einen Satz der Rechtsordnung zu ver-stoßen. Die Gründe, weshalb solche Personen trotzdem eine Rechtsverletzung begehen, können der mannigfachsten Art sein, z. B. Zwang, Getäuschtsein, Nothstand u. s. w.

Nehmen wir z. B. an, daß ein Luftschiffer auf meinem Grundstück landen will. Der Anker, den er ausgeworfen hat, schleift auf der Erde und beschädigt meine Bäume oder gar werthvolle Monumente in meinem Parke. Warum habe ich nun nicht das Recht, ihn niederzumachen? Ein drohender Angriff liegt gewiß vor, denn nach menschlicher Berechnung wird das niederfallende Luftfahrzeug sehr erheblichen Schaden anrichten, ganz abgesehen davon, daß zugleich eine große Menschenmenge herbeigelockt werden wird, welche in meinem Parke alles zertreten und zerstampfen wird. Sämmtliche Erfordernisse der Nothwehr liegen hier vor, denn auf ein durch Nothstand begründetes Nothrecht des Luftschiffers wird sich doch im Ernste niemand berufen wollen. Ohne auf die immerhin zweifelhafte Natur dieses Rechtes überhaupt eingehen zu wollen, kann doch von einem Unverschuldetsein, dem un-umgänglichen Erfordernisse des straflosen Nothstandes, keine Rede sein, denn was in aller Welt zwingt einen Privatmann — nur einen solchen haben wir im Auge — eine Luftballonfahrt zu machen? Hier steht also Unrecht gegen Recht und zwar Unrecht von Seiten eines denkenden Menschen, überdies ist der Vermögensschaden ein ganz erheblicher. Und doch sträubt sich das Rechtsbewußtsein dagegen, daß es von Rechtswegen ge-stattet sein soll, den Luftballoninsassen zu tödten. Denn dieser will sich ja garnicht mit den Rechtsvorschriften in Widerspruch setzen; im Gegentheil, er ist gern bereit, für allen Schaden aufzukommen, und wäre der lenkbare Luftballon schon erfunden, so hätte er gewiß nicht mein Grundstück als Ankerplatz gewählt, sondern sein eigenes oder einen andern Ort, wo ihm die Er= laubniß zu landen vorher ertheilt ist.

In ähnlicher Weise wäre der Fall zu beurtheilen, wo jemand einen Andern mit vorgehaltenem Revolver dazu zwingt, einem Dritten etwas wegzunehmen. Auch hier ist durch den Zwang die Zurechnungsfähigkeit nicht aufgehoben, und doch ist auch hier klar, daß der Gezwungene kein Recht hat, das Eigenthumsrecht eines Mitmenschen anzugreifen. Eine Er= klärung dafür, weshalb trotzdem die Tödtung des Angreifenden unzulässig erscheint, kann von der gegnerischen Seite nicht er= bracht werden, man müßte dann wieder seine Zuflucht zu dem Nothrecht nehmen, welches nicht blos durch Naturgewalt, son= dern auch durch Menschengewalt begründet werden kann. Viel ungezwungener ist es indessen, den Grund darin zu suchen, daß kein absichtlicher Verstoß gegen gesetzliche Bestimmungen d. i. gegen die Rechtsordnung begangen wird.

Um jedoch auch die Berufung auf das Nothrecht auszu= schließen, wollen wir solche Beispiele wählen, die damit nicht das Geringste zu thun haben. Z. B. es treibt jemand seinen Ochsen nach dem nächsten Marktplatz. Unterwegs bricht das Thier unter krampfartigen Erscheinungen zusammen und er= weckt den Anschein, daß es krepirt sei. Der zufällig in der Nähe befindliche Abdecker beansprucht denn auch kraft der ihm gesetzlich zustehenden Befugnisse die Herausgabe des Cadavers. Damit ist aber der Besitzer keineswegs einverstanden, denn er weiß genau, daß sein Ochse garnicht todt ist, sondern nur an einer eigenthümlichen Krankheit leidet, von welcher er sich aber regelmäßig nach einiger Zeit wieder erholt. Er setzt dem Ab= decker diesen Sachverhalt auseinander, doch dieser hält die An= gabe für eitel Trug und will sich mit Gewalt in den Besitz des Thieres setzen. Auch hier sind wieder sämmtliche That= bestandsmerkmale des § 53 vorhanden, ohne daß nach der herrschenden Ansicht zu erklären wäre, warum der Inhaber des Ochsen nicht den Angreifer niederstoßen darf, zumal es sich um ein nicht unbedeutendes Werthobject handelt.

Solche Fälle, wo ein zurechnungsfähiger Mensch un= zweifelhaft Unrecht begeht, ohne es im Geringsten zu wollen, weil er eben über die Voraussetzungen seines Thuns sich täuscht oder von Andern getäuscht worden ist, sind nicht selten. Wenn auf der Straße der Ruf: Haltet den Dieb! ertönt und ich einen schnell an mir vorüberlaufenden Menschen erblicke, so werde ich mich nicht erst lange besinnen, sondern, falls es in meiner Macht steht, den Flüchtling festhalten. Wie aber, wenn der Fliehende gar nicht der Dieb war, sondern ein Reisender,

d. i. nur deswegen so eilig läuft, um den Eisenbahnzug recht=
zeitig zu erreichen? Wer zweifelt daran, daß auch in diesem
Falle sämmtliche Voraussetzungen der Nothwehr erfüllt sind?
Und doch, welche grausame Ironie des Schicksals wäre es,
wenn ein solcher Mann von Rechtswegen als Unrechtbegehender
sein Leben sollte verlieren können, er, der gerade im Interesse der
Rechtsordnung sein eigenes Leben in die Schanze geschlagen hat!

§ 9.

Mit Unverhältnißmäßigkeit bezeichnen wir etwas Unver=
nünftiges, etwas Thörichtes, welches dann vorliegt, wenn das
Erreichte mit den dazu aufgewendeten Mitteln in keinem
richtigen Verhältniß steht, wie wenn jemand mit Kanonen nach
Sperlingen schießt. Ueberall im Leben und so auch im Rechte
herrscht die Verhältnißmäßigkeit, und da sollten die Nothwehr=
befugnisse eine Ausnahme machen? Uebersehen wir vor Allem
nicht, daß die Vertheidigung selbst des geringfügigsten Objectes
mit den schärfsten Mitteln gegen bewußte Angreifer gar keine
Unverhältnißmäßigkeit enthält.

Die Begründung des Selbsthülfeaktes der Nothwehr liegt
doch darin, daß die Rechtsordnung eines Staates nicht dadurch
allein gewahrt wird, daß seine Gesetze von vorzüglicher Be=
schaffenheit sind, sondern daß sie auch beobachtet werden. Wie
wir den nicht einen tugendhaften Menschen nennen, der die
herrlichsten Grundsätze hat, sie aber in der Praxis nie zur An=
wendung bringt, so bewirkt die Existenz von Gesetzesparagraphen
an sich noch nicht das Bestehen von rechtlich geordneten Zu=
ständen. Deshalb können wir es auch für keine große Er=
rungenschaft halten, wenn von einigen mit Emphase betont
wird, daß bei der Nothwehr keine Rechtsverletzung, sondern nur
eine Rechtsgüterverletzung stattfinde, da das Recht als solches
durch einen Angriff auf unser Eigenthum intact bleibe. Das
ist ebenso richtig, wie daß in einem uncivilisirten Staate, in
welchem die herrlichsten Gesetzesbestimmungen proklamirt sind,
um welche sich aber kein Mensch kümmert, das Recht herrscht,
obwohl Raub und Mord an der Tagesordnung sind.

Der Staat hat also das größte Interesse daran, daß seine
Rechtsvorschriften im alltäglichen Leben auch wirklich zur
Realisirung gelangen. Deshalb muß er in den Fällen, wo
er selbst hierfür nicht Sorge trägt, weil seine Organe nicht all=
gegenwärtig sind, wenigstens dem Privatmann gestatten, dem
Rechte zum Siege zu verhelfen. Nothwehr ist also Durch=
setzung des Rechts, wie Binding und andere treffend gesagt
haben.

Weil Nothwehr Rechtsdurchsetzung ist, so erklärt sich, daß
ich berechtigt bin, meine Güter eigenmächtig zu vertheidigen,

noch nicht aber, daß ich den Angreifer verletzen darf. Wäre das der Fall, so müßte die Beschaffenheit der angreifenden Person ganz irrelevant sein, was doch niemand behaupten wird. Nein, das Recht den Gegner zu verletzen, gewährt mir allein die Noth[1]), d. h. die Zwangslage, in welche ich gerathe, wenn ich mich wirksam vertheidigen will.

Die Berechtigung in der Noth ist sehr verschiedenartig. Mit Recht macht deshalb der Gesetzgeber einen Unterschied zwischen der Nothlage des Benöthigten und des im Nothstande Befindlichen. Die Befugnisse des Ersteren gehen nun gegenüber Unzurechnungsfähigen, Gezwungenen, im Irrthum Befindlichen u. a. naturgemäß nur so weit, als wirkliche Noth, d. h. Nothstand im weiteren Sinne[2]), vorhanden ist. Er darf den Wahnsinnigen daher todtschlagen, wenn dieser einen Angriff auf sein Leben macht, aber er hat dieselbe Befugniß nicht, wenn dieser ihm nur ein Vermögensobject nehmen will. Andernfalls läge ja der unlösbare Widerspruch vor, daß ich zwar nicht das Pferd meines Nachbarn, welches meine Anlagen zertritt, wohl aber meinen geisteskranken Mitmenschen in solchem Falle tödten darf.

Daß ich hingegen mit dem Rechtsfrevler, welcher sich mit Absicht und offenkundig[3]) gegen das Gesetz auflehnt, ganz anders umspringen darf, erklärt sich höchst ungezwungen. Nicht daß er etwa durch den Angriff sein Leben verwirkt hätte, aber er kann sich über den ihm zugefügten Verlust von Rechtsgütern nicht beklagen, oder den Schutz der Gesetze dafür verlangen, da er ja selbst diese Gesetze freventlich mißachtet hat. Bei ihm hat sich lediglich das zugetragen, was immer als Ausfluß wirklicher Gerechtigkeit angesehen wird; ihm ist das zugefügt worden, was er andern zu Theil werden lassen wollte. Außerdem aber steht die Vernichtung seines Lebens in einem richtigen Verhältniß zu dem, was in Frage stand, nämlich dem gefährdeten Rechte. Zwar wird es für die Rechtsordnung

---

[1]) Wie treffend daher der Name „Nothwehr"! — Andere stellen als Basis der Befugnisse des Benöthigten das „zu Unrecht Angegriffensein" auf (so Binding a. a. O.), doch läßt sich dann schwer erklären, weshalb nur dem werdenden, nicht aber dem begangenen Unrecht gegenüber Nothwehr gestattet ist. Hingegen ist es einleuchtend, daß die Zwangslage hinsichtlich ihrer Stärke größer ist bei entstehendem als bei begangenem Unrecht. Abgesehen von anderen Gründen kann man im ersteren Falle den Umfang der Gefahr nur vermuthen, ihn also leicht überschätzen; im zweiten kennt man ihn genau.

[2]) Dieser Nothstand unterscheidet sich von dem des § 54 St. G. B's. ganz erheblich. Einige Unterschiede veranschaulicht die Tabelle auf Seite 31.

[3]) Ob man auch Offenkundigkeit verlangen muß, darüber läßt sich streiten. Wir möchten uns aus den S. 27 angegebenen Gründen mit Entschiedenheit dafür erklären. Ebenso kann es zweifelhaft sein, ob man einen absichtlichen Angriff verlangen muß, oder ob ein vorsätzlicher genügt. Doch sind beide Fragen für unsern Fall nur von untergeordneter Bedeutung.

nicht völlig gleichgültig sein, ob ihre Bestimmungen durch Fahrläſſige oder im Irrthum Befindliche, Unzurechnungsfähige u. ſ. w. verletzt werden, indeſſen den wahren Schmerz über Mißachtung des Geſetzes empfinden wir doch nur dann, wenn ſich der Gegner vor unſern Augen wiſſentlich und frevenlich über das Recht hinwegſetzt, ja es mit Füßen tritt, wie z. B. der Räuber, der uns mit Gewalt eine Sache entreißt. Und warum ſtellt ſich nur dann jenes Gefühl ein? Weil wir wiſſen, daß es auch dem beſten Staatsbürger paſſiren kann, daß er unwiſſentlich mit dem Rechte in Conflict geräth. Irren iſt menſchlich, und deshalb verhalten wir uns ganz verſchieden, je nachdem wir merken, daß unſer Gegner nur ſein vermeint= liches Recht ausüben will oder ſehr wohl weiß, daß ihm ein Recht zu ſeiner Handlungsweiſe garnicht zuſteht[1]).

Daß ſich die Tödtung des Angreifers bei Verletzungen ge= ringwerthiger Rechtsgüter nur als Rechtsordnungsvertheidigung erklären läßt, zeigt ſich ſo recht in den Fällen, wo der Benöthigte nach Lage der Dinge ſich nicht darauf berufen kann, in dieſem Sinne gehandelt zu haben. Wenn ich einen Anderen aus= drücklich und ernſtlich auffordere, mich zu tödten, und dieſer legt in Folge deſſen die Schutzwaffe auf mich an, ſo liegt unzweifelhaft ein gegenwärtiger und rechtswidriger, ja ſtraf= barer Angriff vor. Nach der herrſchenden Meinung könnte ich den Angreifer ohne Weiteres tödten, auch wenn ich bequem fliehen oder mich hinter einen Baum ſtellen, oder auch die Aufforderung zurücknehmen könnte; nach der hier vertretenen Anſchauung läge eine ſtrafbare Handlung vor, wenn die Tödtung durch Flucht oder andere Mittel hätte vermieden werden können. Ebenſo kann ich nach der herrſchenden Meinung den ſtraflos niedermachen, den ich dazu angeſtiftet habe, auf einen Dritten zu ſchießen oder das Haus eines anderen an= zuzünden, weil ich dadurch einen gegenwärtigen rechtswidrigen Angriff von einem Dritten abwende. Nach unſerer Anſicht iſt das nicht ohne Weiteres zuläſſig, denn wie kann ſich jemand als Vertreter der gefährdeten Rechtsordnung aufſpielen, der ſelbſt einen Andern dazu veranlaßt hat, ihre Beſtimmungen zu miß= achten. Daſſelbe was von dem Anſtifter geſagt iſt, gilt auch von dem, der den Angriff buldet oder deſſen Duldung nach den Umſtänden angenommen werden muß.

§ 10.

Gegen die herrſchende Meinung macht ſich aber noch eine Reihe anderer Bedenken geltend.

[1]) Deshalb erregen zehn fahrläſſige Tödtungen nicht ſo viel Aufſehen wie ein einziger Mord.

2*

Unbedingtes Erforderniß wäre doch, wenn man einer ungemessenen Ausdehnung der Befugnisse des Benöthigten das Wort redet, daß die Voraussetzung derselben einigermaßen genau bestimmt wäre. Das ist aber keineswegs der Fall. Zwar gebraucht der Gesetzgeber die Worte „gegen einen rechtswidrigen Angriff" und erweckt damit die Vorstellung, daß hierüber genügende Klarheit herrscht. Diese Vorstellung entspricht jedoch leider nicht der Wirklichkeit. Tagtäglich werden Urtheile gefällt, welche den Beweis liefern, daß die Ansichten über die Strafbarkeit vieler Handlungen sich diametral gegenüberstehen, und die Verworrenheit und Verschwommenheit bezüglich des Begriffs der Rechtswidrigkeit ist gewiß nicht geringer. Mit der Erklärung, daß die Rechtswidrigkeit überall da gegeben sei, wo der Angegriffene nicht verpflichtet ist, den Angriff über sich ergehen zu lassen, ist offenbar nichts gewonnen.

Woran das Vorhandensein von Rechtswidrigkeit mit Sicherheit erkannt werden kann, darüber giebt uns das Gesetz keine Aufklärung. Ja selbst die hochwichtige Frage, wann der Gesetzgeber auf die Bestrafung einer Handlung verzichtet, obwohl thatsächlich in die Rechtssphäre einer andern Person eingegriffen oder gegen öffentliche Rechte oder gegen Religion und Sittlichkeit verstoßen ist, wird nur flüchtig in dem vierten Abschnitt des allgemeinen Theiles unseres Strafgesetzbuches und in einzelnen andern Reichsgesetzen gestreift. Ob die Straflosigkeit der gedachten Handlungen ihnen etwa auch den Charakter der Rechtswidrigkeit nimmt, ist fast nirgends ausgesprochen. Man sollte meinen, daß das Grenzgebiet zwischen strafbaren und straflosen Handlungen mit der denkbar größten Genauigkeit, welche menschlichen Kräften möglich ist, geregelt worden sei. Dem ist aber nicht so. Die Wissenschaft hat sich zwar mit lobenswerthem Eifer der Ausfüllung dieser Lücke angenommen, aber trotzdem herrschen Meinungsverschiedenheiten an allen Ecken und Enden.[1])

So kann es denn geschehen, daß von vielen Handlungen, welche tagtäglich begangen werden, — und zwar selbst von den rechtlichsten Staatsbürgern — nur der Jurist weiß, daß sie den Thäter mit dem Strafgesetzbuch in Conflict bringen können, während umgekehrt viele Handlungen straflos sind, von denen die allgemeine Auffassung das Gegentheil annimmt. Daß sich Beispiele dafür zahlreich anführen lassen, bedarf keiner besonderen Versicherung. Wie wäre es sonst möglich, daß die Entscheidungen unserer höchsten Gerichtshöfe eine fast unübersehbare Reihe von Bänden ausfüllten, ohne daß ein Ende abzusehen ist.

---

¹) Vgl. v. Lißt, Lehrbuch des Deutschen Strafrechts, 5. Aufl. S. 153.

Wenn nun schon derartige Meinungsverschiedenheiten unter den Juristen, den Kennern des positiven Rechts, über die Frage der Straflosigkeit und Rechtswidrigkeit einer That herrschen, so kann dieser Umstand doch wirklich nicht dazu ermuthigen, dem ersten besten Laien die Befugniß über Leben und Tod seiner Mitmenschen bei geringfügigen Angriffen zu gewähren, die vielleicht nur im Hirn des Benöthigten als rechtswidrig erscheinen. Noch schlimmer gestaltet sich die Sachlage dann, wenn zwar die rechtlichen Vorschriften keinen Zweifel gestatten, aber über das Vorhandensein der thatsächlichen Voraussetzungen Uneinigkeit herrscht, wie z. B. in dem vorhin angeführten Streit zwischen dem Abdecker und dem Eigenthümer des Ochsen.

Ein bewährtes Mittel, um sich über den zweckmäßigen Umfang eines Rechtsinstituts ein Urtheil zu bilden, ist die Berücksichtigung der ihm verwandten Institute. Man sollte nun meinen, daß bei der überaus liebevollen Behandlung, welche die Nothwehr in den Kreisen der Gelehrten findet, die übrigen Acte der Eigenmacht, wie Selbsthülfe, Pfändungs= befugniß, Privatrache, Lynchjustiz u. s. w. sich ebenfalls einer ganz besonderen Gunst bei den Vertretern der Wissenschaft zu erfreuen hätten. Das gerade Gegentheil findet aber statt. Wo der beiden letzteren gedacht wird, geschieht es regelmäßig mit Zeichen eines gewissen Abscheus.

Nun wird zwar gewöhnlich geltend gemacht, daß Privat= rache und Nothwehr etwas himmelweit Verschiedenes seien. Denn der Benöthigte hemme nur das werdende Unrecht, seine Handlungsweise sei also verdienstlich, während derjenige, welcher nach geschehenem Unrecht ohne Anrufen des Staates die Strafverfolgung selbst übernehme, etwas Staatswidriges, zum Mindesten Ueberflüssiges begehe. Das klingt ziemlich einleuchtend, dürfte aber doch wohl nicht zutreffend sein. Denn die Rechtsordnung wird nicht nur dadurch gefährdet, daß man dem Unrecht nicht bei seiner Entstehung entgegentritt, sondern sie leidet auch, wenn sich in Abwesenheit des starken Armes der Obrigkeit das begangene Unrecht breit macht. Daraus erklärt sich, weshalb jeder Staat die Selbsthilfe gestatten muß, wenn richterliche Hilfe zu spät kommen würde. Auch die in Deutschland gesetzlich zulässige Pfändung richtet sich doch ebenfalls gegen vollendetes Unrecht.

Nicht ganz consequent dürfte deshalb von der heutigen Wissenschaft gehandelt sein, wenn sie die Nothwehrbefugnisse übertrieben begünstigt, während sie die übrigen Akte der Eigen= macht mit scheelem Auge betrachtet.

§ 11.

Auch mit dem Geiste unseres materiellen und formellen Strafrechts läßt sich die herrschende Meinung schwer vereinigen. Früher machte man allerdings keinen Unterschied zwischen schuldhaft und schuldlos begangenen Rechtsverletzungen, wie ja bekanntlich die germanischen Strafrechtsbestimmungen das Hauptgewicht auf den schädigenden Erfolg legten, so daß sogar zufällige Rechtsverletzungen von Composition nicht befreiten. Durch den Einfluß des römischen und zumal des kanonischen Rechtes, welches mehr die Gesinnung betont, ist dieser rohe Standpunkt aufgegeben. In Folge dessen bestrebt sich auch unser positives Recht, den Hauptaccent nach Möglichkeit auf die Willensrichtung zu legen. Deshalb wird ein Fundamental= unterschied gemacht zwischen vorsätzlich und fahrlässig be= gangenen strafbaren Handlungen; überhaupt ist regelmäßig von einer Bestrafung nicht die Rede, wenn keine Verschuldung vorliegt.

Noch weiter geht die Anschauung der Strafrechtslehrer, welche nur dann eine vorsätzliche strafbare Handlung für vor= liegend erachten, wenn der Thäter bei ihrer Begehung das Bewußtsein der Rechtswidrigkeit hatte. Zwar befinden sich die Vertreter dieser Ansicht in der Minorität, aber was ihnen an Quantität abgeht, ersetzen sie durch Qualität. Bei= spielsweise gehören Olshausen und Binding hierher. Wenn nun die Strafgesetzgebung im Allgemeinen nur gegen böswillige Rechtsfrevler reagirt, niemals gegen Unzurechnungsfähige, so wäre es doch widersinnig, dem Benöthigten, dem man gegen letztere schon die proportionelle Abwehr concediren muß, noch obendrein eine Verletzung des Gegners zu gestatten, welche außer ollem Verhältniß mit dem angegriffenen Rechtsgute steht.

Vielleicht wird hiergegen geltend gemacht werden, daß die in der Nothwehr erfolgte Verletzung gar keine Strafe ist, über= haupt gar nichts mit dem Wesen der Strafe zu thun hat.[1] Das dürfte unbestreitbar sein, an der Sache aber nicht das Geringste ändern. Es bleibt immerhin ein Uebel, welches sonst in einem Rechtsstaate nur unter bestimmten Voraus= setzungen auf Grund eines gerichtlichen Erkenntnisses, niemals aber von einem Privatmann ohne obrigkeitlichen Auftrag zu= gefügt werden darf.

Noch ungünstiger gestaltet sich die Sache für die herr= schende Meinung, wenn man die Bestimmungen des formellen Strafrechts in Betracht zieht. Welche Cautelen sind nicht dem

---

[1] z. B. Binding a. a. O. S. 739.

Angeklagten gegeben, damit er nicht unschuldig verurtheilt werde! Von besonderer Zahl und Bedeutung sind sie dann, sobald jemand eines Verbrechens angeklagt ist. Die Noth= wendigkeit der Vertheidigung, der Voruntersuchung u. s. w. sollen dafür sorgen, daß er nicht grundlos die Freiheit oder gar das Leben verlieren soll.

Interessant ist es ferner, wenn man die unerwartete Wahrnehmung macht, daß viele bei dem der Nothwehr eng verwandten Nothstande die sonst verpönte Verhältnißmäßigkeit verlangen. Auch Berner kann hierhin gerechnet werden, der die Existenz eines wirklichen Nothrechtes behauptet[1]). „Dagegen darf nicht eingewendet werden" — sagt er, — „es gebe kein Recht gegen ein anderes Recht: denn alle Rechte sind be= bedingter Natur, bedingt durch die Möglichkeit des gesellschaftlichen Zustandes, des vernünftigen Zu= sammenlebens".

§ 12.

Schließlich sei noch mit wenigen Worten der Zweck= mäßigkeitsrücksichten gedacht. Dieserhalb verzichtet man häufig auf die Bestrafung eines geringfügigen Delictes, weil seine Feststellung nur mit großen Kosten und Zeitverlust durch= führbar ist. In gewisser Hinsicht kann man hierhin die Straf= losigkeit der im Auslande begangenen Uebertretungen rechnen. Aber nicht nur solche leichten strafbaren Handlungen, nein selbst die schwersten können aus Zweckmäßigkeitsgründen straf= frei ausgehen. Es sei hier nur an die §§ 46 (strafloser Rück= tritt vom Versuch), 66 ffg. (Verjährung), 158 (Widerruf eines Meineides), 204, 310 St. G. B's. (Aufgeben des Zweikampfes bez. Löschen des Brandes) erinnert. Umgekehrt wird manche an sich nicht verwerfliche That aus Zweckmäßigkeitsgründen zu einem Vergehen gestempelt. Zwar ist dies nicht leicht mit der Idee der überall waltenden Gerechtigkeit zu vereinbaren, aber aus der Welt läßt es sich nun einmal nicht schaffen. Betonen doch beispielsweise die Gegner der Ansicht, daß zu einem vorsätzlichen Delicte das Bewußtsein der Rechtswidrigkeit erforderlich sei, mit Vorliebe den Gesichtspunkt, daß unter der Herrschaft dieses Princips eine geordnete Rechtspflege undenk= bar sei[2]). Von einschlagenden Fällen unserer Strafgesetzgebung sind anzuführen: § 186 (Bestrafung der üblen Nachrede, wenn man den Beweis der Wahrheit nicht erbringen kann), 227

---

[1]) a. a. O. S. 99.
[2]) z. B. v. Liszt a. a. O. S. 177.

(Betheiligung an einem Raufhandel), die Einziehung von Gegenständen welche nicht dem Thäter gehören[1]).

So wird auch aus Zweckmäßigkeitsgründen der Gesetzgeber alle Befugnisse einschränken müssen, welche leicht der Gefahr des Mißbrauchs ausgesetzt sind. Das trifft aber mehr oder minder bei allen Handlungen der Eigenmacht zu, und speciell die Lynchjustiz ist hauptsächlich deshalb in Mißcredit gerathen. Auch bei der Nothwehr liegt die Möglichkeit des Mißbrauchs nahe, und es ist bedauerlich, daß nicht wenigstens die Anzeigepflicht bei Tödtung des angreifenden Gegners noch in Geltung ist[2]). Schon heute wird mit der Behauptung, nur aus Nothwehr eine Rechtsgüterverletzung begangen zu haben, Unfug getrieben, und sicherlich wird dieser noch viel größere Dimensionen annehmen, sobald dem Volke erst zum Bewußtsein gekommen sein wird, welche übermäßigen Rechte dem Benöthigten nach der communis opinio zustehen sollen. Besonders bedenklich ist es, daß diese Befugnisse auch bei provocirter Nothwehr eingeräumt werden[3]).

Die Bedeutung einer Bestimmung des materiellen Rechts hängt ferner sehr wesentlich von der Art ihrer processualischen Geltendmachung ab. Wie ein Rechtsanspruch keinen oder geringen Werth hat, wenn er nicht durch eine Klage geschützt ist, oder wenn die Beweismittel für sein Vorhandensein fehlen, so kommt es für die Beurtheilung der Tragweite eines Strafausschließungsgrundes auf die Vertheilung der Beweislast an. Diese war bei der Nothwehr sehr ausführlich in der C. C. C. Artikel 141 ffg. geregelt und zwar im Allgemeinen zu Ungunsten des Benöthigten. Gerade umgekehrt liegt die Sache nach unserem geltenden Strafproceßrechte, indem nach § 266 St. P. O. in Verbindung mit seiner üblichen Interpretation in Doctrin und Judikatur dem Angeklagten, der sich in Nothwehr befunden haben will, bewiesen werden muß, daß dieser Strafausschließungsgrund nicht vorgelegen hat.

Wenn so zahlreiche Bedenken gegen eine übermäßige Ausdehnung der Nothwehrbefugnisse sprechen, so ist es nicht wunderbar, daß die Rechte des Benöthigten für den Letzteren nicht in allen Ländern immer so günstig ausgefallen sind, wie bei

---

[1]) Wenn in manchen ausländischen Rechten, z. B. im englischen, ein Stehlen in echter Hungersnoth, wie überhaupt die Straflosigkeit der im Nothstande verübten Verbrechen nicht anerkannt wird, so läßt sich auch das aus Gründen der Zweckmäßigkeit erklären.

[2]) Ihre heutige Geltung behaupten Olshausen und Schwarze.

[3]) In solchem Falle möchte Binding a. a. O. S. 749 (vgl. die Normen und ihre Uebertretung Bd. 2, S. 203 fig.) den Schutz des § 53 nicht gewähren.

uns¹). Das gilt nicht nur von einer Reihe deutscher Partikular-
rechte²), sondern auch vielfach von der ausländischen Gesetzgebung, eine Thatsache, die gewiß nicht gering angeschlagen
werden darf.

§ 13.

Daß die Consequenzen, welche sich aus der herrschenden
Lehre ergeben, den thatsächlichen Verhältnissen vielfach nicht
gerecht werden, war schon hervorgehoben worden. Zur Bekräftigung dieser Behauptung sei hier noch Folgendes angeführt.

Bedenklich erscheint es zunächst, die unbeschränkte Ver-
letzungsbefugniß dem Benöthigten bei Injurien jeder Art zu
gewähren. Freilich wird man Berner darin zustimmen, daß
hier die von ihm im Archiv für Kriminalrecht 1848 S. 575³)
angeführten Vertheidigungsmittel statthaft sind. Es heißt dort:
„Eine beleidigende Demonstration hindern, die vorräthigen
Exemplare einer Schmähschrift wegnehmen, die Fensterladen
vor demjenigen schließen, der uns durch beleidigende Fratzen
höhnt, die Thüren verschließen, um die Worte eines aufgeregten
Injurianten nicht ins Publikum bringen zu lassen: dies alles
und manches Andere sind ganz geeignete Mittel der Ehrennothwehr.‘

Schade ist nur, daß unter diesen Beispielen sich kein ein-
ziges befindet, welches mit Sicherheit als ein Akt echter Nothwehr bezeichnet werden kann. Allenfalls können die beiden
ersten dahin gerechnet werden, da sie möglicherweise den Thatbestand der Nöthigung und des Diebstahls oder der Sachbeschädigung involviren würden. Nothwendig jedoch ist das
nicht, da ich z. B. eine Demonstration dadurch hindern kann,
daß ich den daran Theilnehmenden das Betreten meines Grundstücks untersage oder die weggenommenen Bücher den polizeilichen Organen behufs weiterer Veranlassung übergebe. Das
Schließen von Thüren und Fensterladen wird kaum jemals
eine strafbare Handlung sein, was doch Voraussetzung der
wirklichen Nothwehr ist.

Warum entsprechen aber die von Berner gegebenen Beispiele unzweifelhaft dem allgemeinen Rechtsgefühle? Offenbar
deshalb, weil die dabei äußersten Falls in Betracht kommenden
strafbaren Handlungen wie Nöthigung und Sachbeschädigung
so leichte Vergehen sind, daß sie in keinem Mißverhältniß zu

¹) So in der Gesetzgebung Württembergs (1839), Hessens (1841) und
Badens (1845).
²) Nach v. Lißt a. a. O. S. 150 (4. Aufl.) fast die gesammte außerdeutsche
Literatur.
³) Wiederholt im Lehrbuch S. 107.

dem bedrohten Rechtsgute der Ehre stehen. Berner hätte daher, um seinen Standpunkt von der schrankenlosen Vertheidigungs= befugniß gegen Ehrangriffe überzeugend nachzuweisen, solche Bei= spiele wählen müssen, wo ein auffälliges Mißverhältniß zwischen beiden vorhanden ist, wie sie von seinem Gegner von Buri an= geführt werden[1]). Dieser macht auf folgende Fälle aufmerk= sam. „Wenn ich mir nicht anders helfen kann, so darf ich nach der herrschenden Lehre denjenigen, welcher im Begriff steht, ein Schimpfwort gegen mich auszustoßen, oder mir einen Pfennig vom Tisch zu nehmen, oder mir ein Fenster einzu= schlagen, oder über mein Grundstück zu laufen, todtschießen; ebenso den Angetrunkenen, der mir drohend zuruft, aus dem Wege zu gehen, wenn ich auch weiter nichts zu befürchten habe, als daß er mich, im Falle ich stehen bleibe, im Vorüber= gehen leicht anstoßen werde; auch denjenigen, welcher meinem Jungen einen leichten Schlag versetzen will. Und wenn in einer aufgeregten Wirthsstube (sic!) unter allerlei Volk Einer dem Anderen eine Ohrfeige offerirt, so riskirt er sein Leben, sollte auch der Bedrohte in der Lage sein, die empfangene Ohrfeige sofort mit reichlichen Zinsen zurückzuerstatten."

Die Widerlegungsversuche, welche diese Einwendungen gefunden haben, sind nicht besonders überzeugend ausgefallen. Hertz[2]) z. B. meint, wenn wirklich ein solcher Fall vorkäme, beispielsweise der Eigenthümer eines Obstgartens einen davon= laufenden Apfeldieb niederschösse, so würde ihm wohl, wenn er sich nicht etwa in einem die Zurechnung ausschließenden Affect befunden hätte, zumeist auch nachgewiesen werden können, daß er aus ganz anderen Motiven gehandelt habe, als um sein Eigenthum zu schützen. Diese Annahme ist indessen ganz willkürlich und würde auch an dem Mißstand nicht das Mindeste ändern, daß der Schießheld straffrei ausgeht, ob= wohl er das Leben eines Menschen vernichtet hat, der nur das begangen hat, was so Mancher in seiner Jugend verübte, ohne dafür erschossen zu sein. Von Gerichtswegen hätte der kleine Uebelthäter vielleicht noch nicht einmal einen Verweis erhalten, wenn er überhaupt schon strafminderjährig war.

Eine schwache Seite der von Buri'schen Beispiele deckt der Scharfblick Bindings auf, indem er hervorhebt, daß sie stark unwahrscheinlich seien. Und man wird zugeben müssen, daß ein Mensch, der einem Anderen einen Pfennig von dem Tisch nimmt, in der Praxis schwerlich vorkommen wird. Denn der Nutzen, den er von dem Geldstück ziehen kann, steht mit der Strafe, die ihn eventuell trifft, so außer jedem Verhältniß,

---

[1]) Vgl. S. 12 Anm. 3.
[2]) Hertz, das Unrecht und die allgemeinen Lehren des Strafrechts S. 102.

daß man seine Handlungsweise entweder als Scherz auffassen, oder vermuthen muß, einen Unzurechnungsfähigen vor sich zu haben. Hingegen dürften die anderen Fälle im wirklichen Leben vorkommen; jedenfalls muß man auch gegen sie gewappnet sein.

Es ist doch immer eine mißliche Sache, auf die Unwahrscheinlichkeit im praktischen Leben hinzuweisen. Eine treffendere Illustration hierfür kann es nicht geben, als den von dem Reichsgericht abgeurtheilten Fall. Wahrscheinlich ist das Ereigniß, daß jemand den Geistlichen in der Predigt unterbricht, weil er sich von ihm beleidigt fühlt, sonst nirgends vorgekommen; es ist also gewiß ein höchst seltenes Ereigniß. Hätte jemand vor jenem Vorfall die Frage nach der Zulässigkeit der Ehrennothwehr im Gottesdienste vom juristischen Standpunkt aus beleuchtet, so hätte man ihn gewiß ebenfalls damit zurückweisen können, daß so etwas bei uns nicht passire.

Die bisherige Seltenheit der Fälle, daß jemand in der Ehrennothwehr seinen Angreifer ums Leben bringt, erklärt sich daraus, daß die wenigsten Menschen wissen, wie große Befugnisse ihnen gesetzlich zustehen. Ausgeschlossen ist es aber durchaus nicht, daß wenn erst durch ein paar eklatante Fälle dem Publikum die Augen geöffnet sind, diese Weise in Uebung kommt und sich daraus unhaltbare Zustände entwickeln[1]).

Deshalb kann man Wessely[2]) nicht beipflichten, wenn er meint, daß nur eine ängstliche, den höhern allgemeinen Standpunkt dieser Lehre verlassende und an einzelne mögliche, in der Wirklichkeit aber nie (sic!), oder nur höchst selten vorkommende Fälle sich haltende Auffassung in der in ihr liegenden Elasticität etwas Mißliches, etwas Bedenkliches finden werde.

Nach der herrschenden Meinung ist ferner unbeschränkte Vertheidigung in der Nothwehr gegen solche Personen gestattet, welche keine Ahnung davon haben, daß ihr Thun und Treiben beobachtet wird. Der Dieb und der Wilderer beispielsweise pflegen ihr Gewerbe in der größten Heimlichkeit auszuüben und ohne Zweifel machen sie sich gegebenen Falles eines rechtswidrigen, sogar strafbaren Angriffs schuldig. Soll man nun wirklich das Recht haben, jemanden, den man zur Nachtzeit auf den Apfelbaum steigen, oder im Anstand auf einem fremden Jagdrevier liegen sieht, niederzuschießen? Wir verneinen dies mit Entschiedenheit, denn in dieser Handlungsweise liegt zwar

---

[1]) Aus einer Reichsgerichtsentscheidung vom 28. Juni 1892, E. Bd. 33. S. 200 geht hervor, daß neuerdings jemand den Einwand der Nothwehr erhob, als er wegen Störung des Gottesdienstes angeklagt war. In dieser Hinsicht lernt die Masse schnell.
[2]) Wessely, die Befugnisse des Nothstandes und der Nothwehr S. 67.

ein bewußter, aber doch kein offenkundiger Angriff auf die Rechtsordnung. Und das macht einen gewaltigen Unterschied.[1]) Denn gerade dadurch, daß sie ihr Treiben im Geheimen aus= üben, erkennen jene Uebelthäter die Rechtsordnung an, wie auch der Heuchler gerade durch das Heucheln seine Achtung vor den Lehren der Tugend dokumentirt. Das fühlt der ein= fachste Mensch instinktiv heraus und deshalb wird er solche Personen, welche er in flagranti antrifft, unwillkürlich erst anrufen. Nur wenn sie dann von ihrem Vorhaben nicht ab= lassen, wird er sie mit Recht ebenso behandeln, wie andere offenkundige Rechtsfrevler.

§ 14.

Es war schon darauf hingewiesen worden, daß sich hin= sichtlich der Frage, ob Nothwehr auch gegen Unzurechnungs= fähige zulässig sei, zwei Parteien gebildet haben. Aus Gründen, welche im § 18 dargelegt werden, entscheiden wir uns für die Bejahung, machen aber gleichwohl einen Unterschied zwischen bewußten Angreifern der Rechtsordnung und anderen, bei welchen dieses Bewußtsein fehlt, wozu indessen nicht nur die Unzurechnungsfähigen, sondern auch die auf Seite 30 ffg. aufgezählten Personen gehören. Zu welchen Ungereimtheiten der Ausschluß der Nothwehr gegen Unzurechnungsfähige führt, hat Binding treffend gekennzeichnet, indem er sagt[2]): „Behauptet man nun, die rechtswidrigen Angriffe delictsunfähiger Wesen begründen nur Nothstand, so kommt man wieder zu den schlimmsten Folgerungen. Wenn der Tobsüchtige seinen Arzt oder Wärter anfällt, darf dem Gefährdeten kein Fremder bei= springen; wenn ein Kind ein Haus anzündet, aber ohne Gefahr für irgend jemandes Leib und Leben, hätte der Eigen= thümer gar kein Vertheidigungsrecht.“

Aber auch mit Binding's eigener Anschauung, wonach die Beschaffenheit der angreifenden Person gleichgültig ist, wird man sich nicht befreunden können. Zwar erhebt er gegen die Unterscheidung von zurechnungsfähigen und nicht zurechnungs= fähigen Angreifern folgenden bestechenden Einwand: „Soll etwa der Angegriffene, welcher nicht weiß, ob der Angreifer gesund oder verrückt ist, dann vielleicht erst eine causae cognitio vornehmen, bevor er sich entscheidet, ob er stehen oder fliehen soll?“ Darauf muß man aber erwidern, daß hier dasselbe

---

[1]) Deshalb wird der Raub mit Recht so viel härter bestraft als der Diebstahl, welcher regelmäßig im Geheimen stattfindet. (Früher war die Heimlichkeit bekanntlich ein Erforderniß des Diebstahls.)
[2]) a. a. O. S. 739.

zutrifft, was Binding über die Frage geäußert hat, ob sich das Maß der Nothwehr nach der objectiven Gefahr oder nach der subjectiven Schätzung bestimmen soll, nämlich es muß der Gesetzgeber die Vertheidigung soweit als eine erforderliche betrachten, als der Angegriffene bei Schätzung der Gefahr den überlegten Mann nicht verleugnet hat[1]). Auch hier kann jene Unterscheidung natürlich nur insofern gefordert werden, als aus der Handlungsweise des Angreifenden ein verständiger Mensch einen bewußten Angriff gegen die Rechtsordnung annehmen mußte oder nicht[2]). Leben und Gesetz stellen ja tagtäglich ähnliche Forderungen an uns. So können Postboten unter Umständen die Zustellung an einen zu der Familie gehörenden erwachsenen Hausgenossen bewirken[3]), obwohl es nicht immer leicht sein wird, ein richtiges Urtheil darüber zu fällen, ob jemand zu den Erwachsenen gerechnet werden kann. Die Verführung von Mädchen unter sechzehn Jahren, die Vornahme unzüchtiger Handlungen mit Personen unter vierzehn Jahren, der Abschluß gewisser Creditgeschäfte mit Minderjährigen wird strafrechtlich geahndet, obwohl niemandem die Altersziffer auf der Stirn geschrieben steht. Aehnliche andere Fälle ließen sich noch in Unmenge anführen. Sollte also wirklich die hier vertretene Ansicht einzelne Unzuträglichkeiten im Gefolge haben, so theilt sie diesen Uebelstand mit zahlreichen Gesetzesparagraphen, ohne daß bisher jemand daran Anstoß genommen hat. Niemals aber wird sie zu so unhaltbaren Folgerungen führen, wie die Ansicht, daß Nothwehr nur gegen zurechnungsfähige Personen gestattet sei. Denn danach würde ich beispielsweise im Gebiete des preußischen Rechts zwar auf Grund der jagdrechtlichen Bestimmungen das übertretende Wild nicht mit Feuerwaffen vertreiben[4]), wohl aber — wie die vorhin citirte Reichsgerichtsentscheidung zeigt — einen Menschen, der meine Wiese betreten will, unter Umständen todtschlagen können. Ferner darf ich wohl einen Wilderer niederschießen, nicht aber einen wildernden Jagdhund[5]). Doch man wird vielleicht einwenden, daß die Jagdverhältnisse in Deutschland zu eigenthümlicher Natur sind, um als Maßstab dienen zu können.

---

[1]) a. a. O. S. 751.
[2]) Hatte er trotzdem irrthümlicherweise das Erste angenommen, so ist er wegen error facti nicht strafbar.
[3]) Vgl. C. P. O. § 166.
[4]) Vgl. Jagdpolizeigesetz vom 7. März 1850 § 21. Dieses Verbot ist allerdings durch das Wildschadengesetz vom 11. Juli 1891 insofern gemildert, als nach § 13 unter gewissen Umständen die Aufsichtsbehörde den Grundbesitzern die Genehmigung ertheilen kann, übertretendes Roth- und Damwild auf jede erlaubte Weise zu fangen, namentlich auch mit Anwendung des Schießgewehres zu erlegen.
[5]) Vgl. die Reichsgerichtsentscheidung vom 14. März 1893.

Aber denselben Unterschied zwischen dem Herrn der Schöpfung und den Thieren finden wir in anderen Gesetzen. Nach preußischem Recht[1]) hat man z. B. gegen übertretendes Vieh nur ein Pfändungsrecht, welches von dem Werthe des beschädigten Grundstücks abhängig ist. Hiernach wird ein unbeaufsichtigtes Pferd, das auf die benachbarte Wiese übertritt, gesund an Leib und Gliedern bleiben. Setze ich mich dagegen auf dasselbe Pferd, und es geht mit mir durch, wobei es auf dasselbe Terrain stürmt, so kann mich der Nachbar eventuell über den Haufen schießen.

Die Härte dieser Anschauung ist denn Binding auch nicht entgangen, weshalb er selbst hervorhebt, die Rechtsordnung müsse wünschen, falls ein unzurechnungsfähiger Mensch der Angreifer ist, daß die Nothwehr nur dann geübt werde, wenn der Angriff nicht vermieden und nicht durch andere Mittel abgewandt werden konnte. Dieser Ansicht schließen wir uns vollkommen an, lassen aber dasjenige, was hier von den Unzurechnungsfähigen gesagt ist, für alle Personen, welche nicht bewußte oder offenkundige Rechtsfrevler sind, gelten. Denn einmal ist kein Grund ersichtlich, sie schlechter zu stellen, andererseits rechtfertigt sich ja die Vertheidigung des geringsten Rechtsgutes durch Tödtung des Angreifers, wenn man an dem Prinzip der Verhältnißmäßigkeit festhält, nur dadurch, daß man die Rechtsordnung schützt. Es ist aber klar, daß sie die letztere nicht bewußt und offenkundig angreifen wollen.

Folgende Personen wären hauptsächlich erwähnenswerth:

I. solche, welche einen rechtswidrigen und regelmäßig auch strafbaren Angriff begehen. Hierhin gehören zum Beispiel:

   1. heimliche Angreifer, wie Diebe[2]), Wilderer;

   2. fahrlässig Angreifende;

   3. in Folge von error juris Angreifende;

   4. in Folge Einwilligung des Verletzten Angreifende oder auf Anstiften ꝛc. (vgl. S. 19 ffg.) des Benöthigten Handelnde.

II. solche Personen, welche einen rechtswidrigen aber regelmäßig nicht strafbaren Angriff begehen. Hierhin gehören:

   1. Angriffe von Unzurechnungsfähigen und solchen, die nicht die Erkenntniß der Strafbarkeit ihrer Handlung haben (vgl. die §§ 51, 55, 56 St. G. B's.);

---

[1]) Vgl. Feld- und Forstpolizeigesetz vom 1. April 1880 § 71. Auch in dem deutschen Rechtssprüchwort: „Enten und Hühner haften mit dem Kopfe" kommt die Proportionalität zum Ausdruck.

[2]) Deshalb sind solche Selbstschüsse gegen Diebe, welche nach menschlicher Berechnung den Tod herbeiführen können, im Prinzip zu verwerfen.

2. Personen, welche durch vis absoluta oder compulsiva gezwungen sind gemäß § 52 St. G. B's.;
3. Personen im Nothstande;
4. Personen, welche sich im thatsächlichen Irrthum befinden, vornehmlich solche, welche über die Voraussetzung ihrer Berechtigung getäuscht sind;
5. solche Personen, bei denen die Gesetze aus besonderen Gründen die Straflosigkeit ihrer Handlungen ausgesprochen haben, ohne auch die Rechtmäßigkeit damit ausgedrückt zu haben)[1];
6. Personen, welche aus anderen Gründen keine Rechtsfrevler sind, zum Beispiel bei scherzhaften Veranstaltungen[2]), Handwerker- oder Erntegebräuchen[3]).

Daß von Thieren, falls sie nicht als Werkzeug eines Menschen dienen[4]), niemals ein Angriff gegen die Rechtsordnung möglich ist, braucht wohl nicht erst besonders hervorgehoben zu werden.

---

[1]) z. B. nach § 193 St. G. B's.
[2]) z. B. Beleidigungen beim Carneval.
[3]) z. B. das Binden vorübergehender Personen.
[4]) Ist dieses der Fall, so ist gegen das Thier verhältnißmäßige, gegen den Menschen, der beispielsweise das Thier hetzt, die Abwehr gestattet, die überhaupt bei Angriffen gegen die Rechtsordnung zulässig ist. Analoge Grundsätze kommen zur Anwendung, wenn ein Wahnsinniger als Angriffswerkzeug benutzt wird. — Einzelne Unterschiede zwischen den Befugnissen in den verschiedenen Nothstandslagen veranschaulicht folgende Tabelle.

	Nothstand des Benöthigten im Sinne des § 53 St. G. B's. a)		Nothstand im Sinne des §54 St.G. B's.
	bei Angriffen gegen die Rechtsordnung.	bei Angriffen, die nicht gegen die Rechtsordnung gerichtet sind.	
1.	das geringste Rechtsgut ist wehrhaft.		do lege lata nur Leib und Leben.
2.	Abwehr der Angriffe auch von jeder dritten Person zulässig.		do lego lata nur von Angehörigen.
3.	es ist gleichgültig, ob man hätte fliehen können.	wenn Flucht die Kollision beseitigt, muß sie gewählt werden.b)	
4.	Hilfe der Obrigkeit braucht nicht angerufen zu werden.c)	muß angerufen werden, wenn die Obrigkeit die Nothstandslage beseitigen kann.	
5.	Auch bei Angriffen auf das geringste Rechtsgut ist ev. Tödtung gestattet.	Nein, nur dann wenn von der Erhaltung dieses Rechtsgutes Leben, Gesundheit usw.d) des Angegriffenen abhängig ist.	

a) Die Verschiedenheiten ergeben sich natürlich nur aus dem Begriffe der Verhältnißmäßigkeit.

§ 15.

So würden wir denn den § 53 in dem Sinne inter=
pretiren:

Nothwehr ist diejenige rechtsverletzende Vertheidigung,
welche erforderlich ist, um einen gegenwärtigen rechtswidrigen
Angriff von sich oder einem Anderen abzuwenden.

Enthält der Angriff augenscheinlich keinen absichtlichen
und offenkundigen Angriff gegen die Rechtsordnung[1]), so ist
nur verhältnißmäßige Vertheidigung gestattet, d. h. es darf
zwischen dem angegriffenen und dem verletzten Rechtsgute
kein auffälliges Mißverhältniß bestehen.

Nun wird hiergegen von Hälschner der Einwand erhoben,
daß es unklar bleibe, wie das zulässige Maß der Gewaltübung
etwa gesetzlich begrenzt werden solle, wenn Verhältnißmäßigkeit
gefordert werde[2]). Doch treffen die von Binding citirten
Worte hier zu, daß nur die Handlungsweise eines überlegten
Mannes gefordert werden kann. Giebt es denn überhaupt
eine einzige gesetzliche Bestimmung, die frei von Unklarheiten
ist — man denke nur an termini wie Gift, gefährliches Werk=
zeug, Sachen von unbedeutendem Werthe u. s. w. — und
hat nicht der Gesetzgeber selbst zum Beispiel im Wuchergesetz[3])
denselben Ausdruck „auffälliges Mißverhältniß" gebraucht?[4])

Hiernach ergiebt sich für unsern Fall folgendes Resultat:
Das Rechtsgut des religiösen Friedens steht nach der Ansicht

---

b) Im Falle des § 53 jedoch nur dann, wenn sie das einzige Mittel
ist. Wenn also ein wüthender Stier auf mich stürzt, darf ich ihn
nicht niederschießen, falls ich bequem in ein Haus fliehen kann.
Bei Angriffen zurechnungsfähiger Personen brauche ich natürlich
nicht zu fliehen, da ich die Kollision durch den Hinweis auf das
Rechtswidrige ihres Handelns beseitigen kann. Ist die Sachlage
derartig, daß ein vernünftiger Mensch hieran nicht zweifeln kann,
so stehen mir dann dieselben Befugnisse zu wie bei Angriffen gegen
die Rechtsordnung.

c) Das darf schon deshalb nicht gefordert werden, weil selbst die
schwersten Rechtsordnungsangriffe als solche für Dritte nicht immer
erkennbar sind. Ein elegant gekleideter Mensch sucht mir z. B. die
Uhr zu entreißen und erklärt dem hinzukommenden Polizeibeamten, daß
es sich um seine Uhr handele, die ich ihm vorher geraubt hätte.

d) d. h. es muß sich um sehr wichtige Rechtsgüter handeln. Welche
das sind, läßt sich in abstracto wohl schwerlich bestimmen.

[1]) Genau genommen müßte noch das Erforderniß aufgestellt werden:
und kann die That des Benöthigten nicht als Rechtsordnungsvertheidigung
gelten (cf. S. 19 ffg.).
[2]) Das gemeine deutsche Strafrecht Bd. 1 S. 481.
[3]) Vgl. Gesetz vom 19. Juni 1893 §§ 302a, 302e.
[4]) cf. auch Civilprozeßordnung § 717. Die Versteigerung ... darf
nicht ... geschehen, sofern nicht ... dieselbe erforderlich ist ..., um
„unverhältnißmäßige Kosten" einer längeren Aufbewahrung zu vermeiden.

des Gesetzgebers höher als die nicht verleumberischen Angriffe gegen die Ehre; denn im ersten Falle ist Gefängniß bis zu drei Jahren, im zweiten nur bis zu zwei Jahren angedroht, überdies kann bei Gotteslästerung nicht auf Geldstrafe oder Haft erkannt werden, wie im Falle einer Beleidigung. Demnach darf die gottesdienstliche Andacht nur dann in der Nothwehr gestört werden, wenn von Seiten des Geistlichen ein offenkundiger und bewußter Angriff gegen die Rechtsordnung begangen wird. Davon kann jedoch nur in dem Falle die Rede sein, wo der Prediger — ganz abgesehen von Angriffen auf Leben, Gesundheit, Keuschheit — sehr schwere Ehrenkränkungen bezw. Verleumbungen ausspricht. Das wird man freilich wohl schon annehmen müssen, sobald er beispielsweise den Namen des Beleidigten nennt[1]). Denn ein richtiger Seelsorger soll ja nur die Sünde und nicht die Sünder bekämpfen, obwohl sich das nicht immer leicht auseinander halten lassen wird. Unbedingt wäre aber Nothwehr gestattet, wenn etwa der Kanzelredner Ausdrücke wie: „Sie Halunke, Sie Schurke!" und dergleichen gebrauchte. Das scheint um so unbedenklicher eingeräumt werden zu können, als ja bei einem solchen Kanzelmißbrauch von einem religiösen Frieden, der noch gestört werden könnte, nicht mehr die Rede sein kann[2]). Umgekehrt kann Nothwehr niemals zugelassen werden, so lange der Geistliche bezüglich der Berechtigung seiner Aeußerungen bona fide ist und einen guten Grund dazu hat.

Hiernach können wir dem vom Reichsgericht aufgestellten Rechtsgrundsatze in der dort gefaßten Allgemeinheit nicht beitreten. Nach der Meinung des höchsten Gerichtshofes könnte jemand gegen einen Zuhörer, der ihm ungesehen von anderen Personen (etwa aus einer Kirchenecke) höhnende Grimassen schneidet, Nothwehr üben, auch wenn die Andacht dadurch gestört würde, was nach der diesseit vertheidigten Ansicht nicht gestattet ist.

Dreierlei spricht sehr zu Gunsten unserer Anschauung. Einmal ist der Grundsatz der Verhältnißmäßigkeit für alle Lebensdinge zu allen Zeiten und bei allen Völkern anerkannt worden. Das ersehen wir u. a. aus der Erzählung von dem jungen Alcibiades, der sich quer über den Straßendamm legte und dem Kutscher zurief, er sollte nur zufahren, als dieser ihn

---

¹) Vgl. § 85 A. L. R. II, 11. Sie arten aber darin (d. h. in verbotene Anzüglichkeiten) aus, wenn Personen genannt, oder durch individuelle Nebenumstände kundbar gemacht werden.

²) Diese Frage ist sehr bestritten. Es kann unter Umständen nicht einmal Bestrafung wegen Versuches an einem untauglichen Objekt eintreten (in Gemäßheit der Reichsgerichtsentscheidung vom 10. Juni 1880), da der § 167 St. G. B's. keine Strafe für den Versuch zuläßt.

im Würfelspiel mit seinen Kameraden auf der Straße stören wollte. Sodann deckt sich das gewonnene Resultat insofern mit den in den Motiven niedergelegten Absichten des Gesetz= gebers, als sowohl das geringste Rechtsgut wehrhaft ist als auch wiederum dem Erforderniß des verschuldeten Angriffs in ausreichendem Maße Rechnung getragen wird. Schließlich aber — und das dürfte ausschlaggebend sein — ist auf dem Boden der hier vorgetragenen Anschauung eine Vereinigung der beiden sich jetzt bekämpfenden Parteien möglich, wobei die Consequenzen dieser Interpretation noch den Vorzug haben, allein einem gesunden Rechtsgefühle zu entsprechen[1]).

III.

§ 16.

Ein zweites Bedenken, welches von uns geltend gemacht worden war, betraf die Frage, ob denn überhaupt diejenigen Aeußerungen eines Geistlichen, welche zwar an sich ehren= kränkend sind, aber in Ausübung der seelsorgerischen Thätig= keit nicht gut vermieden werden können, als rechtswidrige An= griffe im Sinne des § 53 St. G. B's. angesehen werden dürfen, gegen welche Nothwehr gestattet ist.

Wie schon früher bemerkt worden ist, kann die Aufzählung der im vierten Abschnitte des Strafgesetzbuches angeführten Straf= ausschließungsgründe nicht als vollständig angesehen werden. In der Wissenschaft besteht nun kein Zweifel darüber, daß die Vornahme einer an sich strafbaren Handlung dann kein Ver= brechen ist, wenn die Begehung sich als rechtmäßige Ausübung eines Amtes oder Berufes characterisirt. Demnach macht sich der Polizeibeamte nicht der Freiheitsberaubung schuldig, wenn er auf Grund gesetzlicher Bestimmungen einen Menschen vor= läufig festnimmt, der Gerichtsvollzieher nicht des Hausfriedens= bruchs, wenn er wider Willen des Schuldners in dessen Wohn= räume eindringt, der Scharfrichter nicht des Mordes, wenn er den Delinquenten hinrichtet. Das Reichsstrafgesetzbuch erwähnt diesen Umstand nicht als Ausschließungsgrund der Rechts= widrigkeit. Nur in kleineren Reichsgesetzen wird er vereinzelt

---

[1]) Man könnte auch noch anführen, daß diese Auslegung mit der Rechts= regel in Einklang steht, nach welcher singuläre Bestimmungen nach Möglichkeit einschränkend interpretirt werden sollen. Die Befugniß des Benöthigten, die Rechtsgüter des Angreifers ungestraft verletzen zu dürfen, ist aber gewiß eine ausnahmsweise Berechtigung. Demnach entspricht die Einschränkung auf die Verhältnißmäßigkeit einem bewährten Grundsatze der Rechtswissenschaft.

als solcher anerkannt. So hat nach § 127 der Reichsgewerbe=
ordnung der Lehrherr ein mäßiges Züchtigungsrecht gegen
den Lehrling, nach § 72 der Seemannsordnung ist der Schiffs=
mann der Disciplinargewalt des Schiffers unterworfen. Zwar
darf er an sich nicht Geldbuße, körperliche Züchtigung oder Ein=
sperrung als Strafe über ihn verhängen, aber gegen Wider=
setzliche und beharrlich Ungehorsame darf er die geeigneten
Sicherheitsmaßregeln ergreifen und sie nöthigenfalls fesseln.
Nach dem Gesetz betr. die Verpflichtung deutscher Kauffahrtei=
schiffe zur Mitnahme hilfsbedürftiger Seeleute vom 27. Decem=
ber 1872, § 4 sind die Mitgenommenen der Disciplinar=
gewalt des Schiffers unterworfen u. s. w.

Diese Lücke in der Gesetzgebung würde weniger fühlbar
sein, wenn wenigstens das, was reichsgesetzlich versäumt worden
ist, partikularrechtlich geordnet wäre. Daß das überall der
Fall ist, dürfte schwerlich behauptet werden.

Auf diese Frage ist nun das Reichsgericht garnicht näher
eingegangen, obwohl es doch keinem Zweifel unterliegen kann,
daß wenn partikularrechtlich dem Geistlichen das Recht zu
Rügen, wenngleich sie sonst als Beleidigungen aufzufassen
wären, verliehen wäre, ein rechtswidriger Angriff nicht vor=
liegen kann [1]. Das Reichsgericht erklärt ganz allgemein: „wenn
nun auch der Geistliche den Beruf hat, durch Belehrung, Er=
mahnung und Tadel auf Besserung hinzuwirken, so hat er
doch nicht das Recht zu Ehrenkränkungen".

Es ist schon darauf aufmerksam gemacht worden, daß es
sich in concreto sehr schwer bestimmen lassen werde, wo der
berechtigte Tadel aufhört und wo die strafbare Injurie an=
fängt. Erleichtert wird dieses Finden eines Unterscheidungs=
merkmals gewiß nicht dadurch, daß über das Wesen der
Beleidigung sich durchaus keine übereinstimmende Meinung
in der Wissenschaft gebildet hat, ganz abgesehen davon, daß
der Gesetzgeber eine Definition dieses Vergehens nicht geben
wollte und auch nicht gegeben hat. Um nur eine fundamentale
Streitfrage hervorzuheben, so sei daran erinnert, daß ein Theil
der Strafrechtslehrer das Vorhandensein einer Ehrenkränkung
nur dann annimmt, wenn die sittliche Qualification angegriffen
wird. Das Hervorheben körperlicher oder geistiger Defecte wie
z. B. durch Ausdrücke wie „Du Lahmer! Du Buckliger!"
sei nur dann als Vergehen gegen die §§ 185 ffg. St. G. B's.
zu bestrafen, wenn es zugleich jenem Erforderniß genüge [2].

---

[1] Sehr energisch spricht sich allerdings Rubo gegen diese Auffassung aus,
vgl. Kommentar über das Strafgesetzbuch für das Deutsche Reich 1879,
S. 770 ffg.
[2] z. B. sind Hälschner, Hugo Meyer und Stenglein dieser Ansicht.

3*

Von diesen Schwierigkeiten aber ganz abgesehen scheint es auch nicht unbedenklich, daß der höchste Gerichtshof so ganz allgemein die Befugnisse des Geistlichen umgrenzt und dabei die Frage nicht genau formulirt. Denn allerdings ist der Satz richtig: Der Geistliche hat nicht das Recht zu Ehren= kränkungen. Dieses Recht hat aber weder der Lehrer noch der Zuchthausdirector noch irgend jemand, wenn man nämlich den Satz so auffaßt, als ob es rein in sein Belieben gestellt wäre zu be= leidigen, wann er wollte. Eine andere Frage ist jedoch, ob die von einem Prediger in Ausübung seines Berufes begangene Beleidigung ein rechtswidriger Angriff im Sinne des § 53 St. G. B's. ist. Und darum allein handelt es sich hier. Der Lehrer hat wie gesagt auch nicht ohne Weiteres das Recht, seine Schüler zu beleidigen, aber gewiß ist er weder strafbar, wenn er einen seiner Pflegebefohlenen, der keine Schularbeiten macht, oder ihn fortgesetzt belügt, einen Faulpelz oder Lügner nennt, noch wird man in dieser Aeußerung auch nur einen „rechtswidrigen" Angriff erblicken können. Wenn in Preußen die Allerhöchste Kabinetsordre vom 14. Mai 1825 (G.=S. S. 149) § 5 bestimmt „Züchtigungen, welche in diesen der Schulzucht gesetzten Schranken verbleiben, sollen gegen die Lehrer nicht als strafbare Mißhandlung oder Injurien behandelt werden", so soll doch wahrscheinlich nicht nur die Strafbarkeit damit beseitigt sein, sondern auch die Rechtswidrigkeit. Andern= falls befände sich der Lehrer in einer üblen Lage. Behandelt er unbotmäßige Schüler, wie sie es verdienen und wie es überall üblich ist, so machte er sich eines rechtswidrigen An= griffes schuldig, gegen den sowohl dem Benöthigten wie seinen Mitschülern die Befugnisse des Nothwehrparagraphen zur Seite ständen; reagirt er dagegen nicht oder in unzulänglicher Weise gegen Unbotmäßigkeit, so könnte er sich sehr leicht von der vor= gesetzten Behörde den Vorwurf der Pflichtverletzung zuziehen. In fast gleicher Lage befindet sich der Seelsorger. Es ist einleuchtend, daß auch ihm wegen seines Amtes Befugnisse eingeräumt werden müssen, die man einem Privatmanne nicht zugestehen würde. Auch das preußische Landrecht, dessen Ver= fasser unter dem Einflusse des Rationalismus standen und doch gewiß nicht den Vorwurf übermäßiger Kirchlichkeit ver= dienen, räumt dem Prediger mehr Befugnisse ein als das Reichsgericht. Denn nach § 84. A. L. R. II, 11 sind Schil= derungen der in einer Gemeinde herrschenden Laster keine An= züglichkeiten (diese sind den Geistlichen nach dem vorhergehen= den Paragraphen verboten), nach § 78 eod. sollen geheime Vorhaltungen niemals als Injurien angesehen werden. Hier= aus geht doch hervor, daß sich der Geistliche unter Umständen

solcher Aeußerungen bedienen darf, welche sonst als Beleidi=
gungen bestraft werden, ohne daß er sich strafbar macht¹).

In analoger Weise macht sich der katholische Bischof nicht
der Beleidigung schuldig, wenn er bei der Firmung dem Firm=
ling mit den Worten „pax tecum!" einen Backenstreich versetzt,
um ihn an die Leiden Christi zu erinnern und ihn auf die
Drangsale aufmerksam zu machen, die er um des Glaubens
willen ausstehen muß. Noch krasser tritt die besondere
Stellung der Cultusbeamten bei dem jüdischen Rituale der
Beschneidung zu Tage. Der Mohel macht sich nicht des Ver=
gehens gegen den § 223 a (Körperverletzung mittels gefähr=
lichen Werkzeuges) schuldig, wenn er die Circumcision ausführt.

Wohin sollte es auch führen, wenn der Staat einerseits
Personen mit der Wahrnehmung eines Amtes beauftragt oder
ihnen die Ausübung eines Berufes gestattet, andererseits die
damit untrennbar verbundenen Eingriffe in die Rechtssphäre
dritter Personen oder fremder Güter, welche sonst strafbar sind,
nicht mit Strafe verschonen würde²). Weil das so klar und
einleuchtend ist, daß es als selbstverständlich erscheint, ist es
noch niemandem eingefallen, den Arzt wegen Körperverletzung
anzuklagen, weil er eine Operation vorgenommen hat, den
Anstaltsarzt wegen Nöthigung, wenn er dem Kranken Kuchen
oder andere ungeeignete Nahrungsmittel fortgenommen, oder
ihm die Morphiumspritze entrissen hat, den Rechtsanwalt
wegen Begünstigung, weil er durch sein glänzendes Plaidoyer
wissentlich den Thäter der ihm drohenden Strafe entzogen hat.

Aehnliche Fälle sind folgende: Der politische Beamte,
welcher amtlich ein Anarchistenblatt bezieht, macht sich nicht des
verbotenen Abonnements schuldig, der Fechtmeister nicht der
Körperverletzung, wenn er einem ungeschickten Schüler einen
Hieb versetzt, der Richter nicht der Beleidigung, wenn er der
Aussage eines Zeugen, selbst wenn sie beschworen ist, keinen
Glauben schenkt — obwohl dies leicht zu großen Härten für
den Betreffenden führen kann — ³) die Feuerwehrleute nicht

---

¹) Aus den Worten des Gesetzgebers „angesehen werden" kann man wohl
entnehmen, daß nicht nur die Strafbarkeit, sondern auch die Rechtswidrigkeit
cessirt.

²) Civilrechtlich könnte man damit in Parallele stellen die Befugniß,
Rechtsverletzungen zu begehen, ohne welche die Ausübung eines Rechtes undenk-
bar ist. Hierhin gehören u. a. die adminicula servitutis, z. B. das Recht
des Schöpfberechtigten, das dienende Grundstück zu betreten, ebenso das des
Jagdpächters, auf fremde Wiesen und Felder bei Ausübung der Jagd zu
gehen.

³) Umgekehrt macht sich der Zeuge nicht ohne Weiteres der üblen Nachrede
schuldig, auch wenn seine Aussage eine solche enthält, z. B. X. theilte mir
mit, daß Y. jenes gethan habe.

des Hausfriedensbruchs, wenn sie in fremde Wohnräume ein=
dringen, der Polizeibeamte oder Sachverständige, welcher fest=
stellen will, ob eine vorsätzliche Brandstiftung vorliegt, nicht
des Verbrechens des § 306 St.=G.=B's, wenn er eine Probe=
brandstiftung vornimmt.

Ueberhaupt werden gerade die Beamten der Polizei sehr
häufig Handlungen unternehmen müssen, deren Straflosigkeit
weder reichsgesetzlich noch partikularrechtlich ausdrücklich fest=
gesetzt ist. Hat ein Exekutivbeamter eine Person in Folge
gerichtlicher Anordnung vorzuführen, so macht er sich nicht
des Vergehens gegen den § 123 St. G. B's. (Hausfriedens=
bruch) noch gar gegen § 342 eod. (Hausfriedensbruch im Amte)
schuldig, wenn er wider Willen des Vorzuführenden in dessen
Wohnung eindringt. Er macht sich ferner nicht des Verstoßes
gegen den § 240 oder 339 (Nöthigung) schuldig, wenn er den
Betreffenden, der beispielsweise im Bette liegt und nicht auf=
stehen will, mit Gewalt aus demselben zieht. Handelt es sich
dabei um eine Frauensperson, etwa eine Prostituirte, die dem
Gericht zugeführt werden soll, so macht er sich, sollte auch
jene Handlung objectiv als unzüchtig angesehen werden müssen,
damit doch nicht des Verbrechens des § 176 Nr. 1 St. G.=B's.
(Vornahme unzüchtiger Handlungen mit Gewalt an einer
Frauensperson) schuldig. Leicht läßt es sich im Uebrigen nicht
bestimmen, wie weit in solcher und ähnlicher Lage der Polizei=
beamte gehen darf; aber prinzipiell wird man ihm u. A. die
Berechtigung zu einer Drohung mit einer sonst strafbaren
Handlung und selbst leichte Körperverletzung gestatten müssen,
wenn er ohne eine solche Handlungsweise seinen Auftrag aus=
zuführen nicht im Stande ist. Andernfalls müßte der Trans=
porteur den Arrestanten, der sich hinwirft, liegen und damit
regelmäßig entwischen lassen. Ferner macht sich der Polizei=
beamte nicht der Beleidigung schuldig, wenn er einen Paß
genau prüft, worin doch unzweifelhaft ein Bedenken gegen die
Wahrheitsliebe des Vorzeigenden enthalten ist. Zweifelhaft
dürfte es schon sein, ob beispielsweise bei Ausstellung eines
Passes oder Aufnahme eines Signalements, wie es bei Aus=
gabe von Gesindebüchern, Einlieferung eines Gefangenen u. s. w.
üblich ist, beleidigende Bezeichnungen wie: hat eine Säufernase,
sieht sehr stupide oder versoffen aus, zulässig sind. Auffällig
ist es, daß über die Grenzen der polizeilichen Befugnisse ziem=
lich geringe Klarheit herrscht, obwohl je nach der Bejahung
oder Verneinung der Berechtigung entweder eine völlig recht=
mäßige Handlung oder nicht selten ein Verbrechen im Amte
vorliegt.

Binding, welcher zu den Wenigen gehört, die auf diese

Sache näher eingehen, kommt zu einem ähnlichen Resultate. Er stellt nämlich folgende Thesen auf[1]):

„Wo es nun an gesetzlicher Regelung dieser Rechts= und Pflichtenkreise fehlt, bilden m. E. folgende Sätze die Beur= theilungsnorm:

1. die nothwendigen Mittel zu rechtlich gebotenen Zwecken sind rechtlich gebotene Mittel;
2. die nothwendigen Mittel zu rechtlich erlaubten Zwecken sind rechtlich erlaubte Mittel;
3. die Energie des Mittels darf nicht soweit gehen, den Zweck zu vereiteln!"

Unter Nr. 4 geht er sogar so weit, daß er da, wo ein dauerndes Bedürfniß zur Vornahme bestimmter Handlungen besteht, die in fremde Rechte oder Rechtsgüter eingreifen, und diese Handlungen jahrelang vor den Augen der Behörden stattgefunden haben, eine praesumtio für das Bestehen eines Berufsrechts annimmt.

Ob diese Vermuthung nicht zu bedenklichen Consequenzen führen kann, soll hier nicht untersucht werden. Jedenfalls spricht sich auch Binding für die Straflosigkeit der von Beamten in Ausführung ihres Amtes begangenen rechtsverletzenden Handlungen aus, falls sie nothwendig waren. Unter der gleichen Voraussetzung würde auf Grund der These 2 Straffreiheit ein= treten müssen, wenn jemand einen rechtlich erlaubten Beruf betreibt und hierbei in die Rechtssphäre Dritter eingreift. Und je eher wird man diese Eingriffe gestatten, je gering= werthiger das angegriffene Rechtsgut ist. Hierhin gehört nun zwar an sich nicht die äußere Ehre eines jeden Menschen, wohl aber die äußere Ehre desjenigen, der sich etwas hat zu Schulden kommen lassen, denn nur solche kommen hier in Betracht. Deshalb kann von strafbaren Injurien niemals dann die Rede sein, wenn Ehrenkränkungen solcher Personen nicht zu umgehen sind. Daß solche Beleidigungen dann völlig legale Handlungen sind, wenn der Staat dazu die Berechtigung ertheilt hat, liegt auf der Hand. Hierhin gehören beispiels= weise die Verweise, welche die Staatsanwaltschaft oder das Gericht dem strafminderjährigen Verbrecher, der Vorstand der Anwaltskammer dem Rechtsanwalt, die Disciplinarbehörde dem Beamten, der Rektor oder der Universitätsrichter dem Studirenden u. s. w. ertheilt. Weshalb der Geistliche nicht ein gleiches Recht haben soll, ist nicht abzusehen (vgl. Gesetz über die Grenzen des Rechts zum Gebrauch kirchl. Straf= und Zuchtmittel v. 13. Mai 1873). Denn bei jeder Vereinigung,

---

[1]) a. a. O. S. 792; vgl. auch Hugo Meyer, Lehrbuch des Deutschen Strafrechts, 4. Aufl. S. 323.

die gewisse Zwecke erreichen will, muß es den berufenen Or=
ganen gestattet sein, diejenigen Mitglieder, welche ihre Pflicht
nicht erfüllen oder dem zu erstrebenden Ziele entgegenhandeln,
auf ihr pflichtwidriges Verhalten aufmerksam zu machen, mag
immerhin darin eine Ehrenkränkung enthalten sein. Warum
verhalten sie sich auch nicht anders?

Und zwar wird man in dieser Hinsicht einen Unterschied
machen müssen, je nachdem die Gemeinschaften aus Erwachsenen
oder Unerwachsenen, Bestraften oder Unbestraften bestehen und
je nachdem sie ein ganz besonderes Ziel erstreben oder nicht.
Deshalb wird man gegenüber den jugendlichen Verbrechern
am meisten concediren dürfen, demnächst bei Zuchthäuslern,
Arbeitshäuslern und Gefängnißinsassen. Umgekehrt wird man
sich am wenigsten im Staat und in der Gemeinde gegen
erwachsene unbestrafte Staatsbürger gestatten können. In der
Mitte befinden sich u. a. Beamtenhierarchie, Kirche, Schule,
Familie, Soldatenstand.

Diesen Verhältnissen ist das Strafgesetzbuch insofern etwas
gerecht geworden, als es im § 193 bestimmt:

Tadelnde Urtheile über wissenschaftliche, künstlerische oder
gewerbliche Leistungen, ingleichen Aeußerungen, welche zur
Ausführung oder Vertheidigung von Rechten oder zur Wahr=
nehmung berechtigter Interessen gemacht werden, sowie Vor=
haltungen und Rügen der Vorgesetzten gegen ihre Untergebenen,
dienstliche Anzeigen oder Urtheile von Seiten eines Beamten
und ähnliche Fälle sind nur insofern strafbar, als das Vorhanden=
sein einer Beleidigung aus der Form der Aeußerung oder aus
den Umständen, unter welchen sie geschah, hervorgeht.

Aber diese Bestimmungen genügen keinesfalls. Ganz ab=
gesehen davon, daß sie an Unvollständigkeit leiden, kann sehr
wohl eine Aeußerung berechtigt sein, auch wenn sie der Form
nach beleidigend ist. Ferner wird hier nur die Strafbar=
keit verneint, nicht auch die Rechtswidrigkeit[1]), sodaß die Noth=
wehrbefugnisse des § 53 dagegen zugelassen werden müssen,
was zu unerträglichen Folgerungen führen kann (cf. S. 6).

Die Unumgänglichkeit des Mittels, welche Binding als
Voraussetzung der Straflosigkeit hervorhob, wird man bei
Ausübung des seelsorgerischen Berufes nicht in Abrede stellen
können. Ein richtiger Geistlicher darf zu manchen Sachen
nicht schweigen, am allerwenigsten auf der Kanzel. In ge=
wissem Sinne muß er ein Kämpfer, ein Gottesstreiter sein,
denn das liegt in der Natur der Sache begründet, zumal
keine metaphysische Anschauung begrifflich eine andere neben
sich dulden kann. Treffend hat daher Schopenhauer die

---

[1]) Die Ansichten hierüber sind allerdings getheilt.

philosophischen Systeme mit Bienenköniginnen verglichen, deren erste That die Vernichtung ihrer Nebenbuhlerinnen ist. Wer da= her öffentlich eine atheistische philosophische Weltanschauung ver= tritt, muß es sich gefallen lassen, daß dieselbe in der Kirche oder Synagoge nicht immer schmeichelhaft kritisirt wird. Dabei kann es denn vorkommen, daß Männer angegriffen werden, deren sonstiger Lebenswandel untadelhaft ist. Der Ausspruch Schillers z. B.:

„Welche Religion ich bekenne? Keine von allen, die du mir nennst. Und warum keine? Aus Religion“, wird dem Freidenker als etwas sehr Vernünftiges, ja Selbst= verständliches erscheinen. Aber dem Theologen darf man es nicht verargen, daß er dagegen energisch Front macht, wenn dergestalt an den Grundfesten der von ihm vertretenen Welt= anschauung gerüttelt wird. Und wo könnte er sich passender darüber äußern, als an der ureigentlichen Stätte seiner Wirk= samkeit, in der Kirche während der Predigt?

So wäre es denn gerechtfertigt, allen Aeußerungen des Geistlichen, welche lediglich im Interesse der Religiosität ge= schehen, ohne persönlich oder sonst gehässig zu sein, nicht nur den Character der Straflosigkeit (gemäß § 193 St. G. B's.), sondern auch der Rechtmäßigkeit zuzubilligen, oder sie doch wenigstens nicht als rechtswidrige aufzufassen.

Wollte man dieser Ansicht nicht beipflichten, so würde man damit eine Ungerechtigkeit begehen, indem man dem Geist= lichen das verweigert, was man dem Gerichtsvorsitzenden als selbstverständlich zubilligt. Die Würde der öffentlichen Gerichts= sitzung ist nämlich weit besser gewahrt, als die Andacht des Gottesdienstes, da nur zwei Paragraphen von dem Schutze des religiösen Friedens handeln, hingegen fast ein Dutzend von der Aufrechterhaltung der Sitzungspolizei. Dabei stehen dem Vorsitzenden — im Gegensatz zum Prediger — die wirk= samsten und einschneidendsten Maßregeln zu Gebote, wie beispielsweise die sofortige Abführung in Haft. Diese außer= ordentlichen Machtmittel machen es erklärlich, daß Störungen der Gerichtsverhandlungen verhältnißmäßig selten vorkommen. Ueberdies wird sich der Angeklagte fast immer schon deshalb eines musterhaften Benehmens befleißigen, weil er nicht ohne Grund der Ansicht ist, daß die event. Höhe des Strafmaßes um so geringer ausfallen wird, je weniger sein Verhalten zu Ausstellungen Veranlassung gegeben hat. Auch der Ver= theidiger hat regelmäßig seine guten Gründe, es mit den Richtern nicht zu verderben.

Diese Verhältnisse haben zur Folge, daß wohl selten ein analoger Fall des Gebrauchs der Nothwehr gegen beleidigende Aeußerungen des Gerichtspräsidenten oder des Staatsanwalts (auch des Vertheidigers hinsichtlich der Zeugen) von Seiten des Angeklagten oder seines Vertheidigers oder eines beliebigen Zuhörers vorkommt, obwohl so manche Gerichtssitzung stattfindet, in denen die gedachten Justizpersonen sich Aeußerungen gegen den Beschuldigten gestatten, welche unzweifelhaft als Beleidigungen im Sinne des Strafgesetzbuches aufgefaßt werden müssen. Räumt man auch ihre Straflosigkeit auf Grund des vielfach citirten § 193 ein, was übrigens nicht ganz unbedenklich[1]) ist, so bleibt doch noch die Rechtswidrigkeit ebenso gewiß wie nach der Ansicht des Reichsgerichts bei derartigen Aeußerungen des Geistlichen übrig. Demnach wäre Nothwehr gestattet, und dürfte nicht nur der Angeklagte, sondern auch jede dritte anwesende Person gegen ehrenkränkende Ausdrücke des Präsidenten und Staatsanwalts in der Gerichtssitzung sich ihrer bedienen.

Sollte man hiergegen einwenden, daß in solchen Fällen der Präsident von den ihm gesetzlich zustehenden Befugnissen, nämlich von der Verhängung der Strafe wegen Ungebühr, Gebrauch machen würde und dürfe, so tritt man für die Zulässigkeit einer Maßregel ein, welche von dem Reichsgericht mit aller Entschiedenheit verneint worden ist. Man braucht in unserer Entscheidung nur statt Geistlicher Gerichtsvorsitzender zu setzen, und es paßt alles vorzüglich, selbst der Schluß: „War hiernach die That des Angeklagten Nothwehr, so war sie auch kein grober Unfug (d. h. Ungebühr)."

Will man das aber nicht einräumen, weil dadurch jede Gerichtssitzung in Frage gestellt werde, dann darf man billigerweise diesen Satz auch nicht auf die Unterbrechung einer Predigt anwenden. Denn schließlich wird doch selbst ein Gegner der Kirche nicht behaupten wollen, daß die Würde der Gerichtssitzung eines stärkeren Schutzes bedarf, als die Andacht der im Gotteshause versammelten Gemeinde.

IV.

§ 17.

Schließlich ist noch als drittes Bedenken zu erörtern, ob denn der Benöthigte in Gemäßheit des § 53 nicht nur Rechtsgüter des Angreifers straflos verletzen darf, sondern auch solche

---

[1]) Nehmen wir an, der Vorsitzende bedient sich der Worte: „Angeklagter, Sie haben wie ein ganz gemeiner Lump gehandelt!", so dürfte doch die Beleidigung schon aus der Form der Aeußerung hervorgehen. Denn welchen Zweck hätte überhaupt diese Anrede, wenn sie nicht absichtlich das Verhalten des Angeklagten coram publico brandmarken wollte.

von dritten an der Sache ganz unbetheiligten Personen. Diese Frage ist deshalb von größter Wichtigkeit, weil in dem uns hier interessirenden Falle der Thäter durch Störung des Gottesdienstes das Rechtsgut des religiösen Friedens verletzt, dessen Träger nicht der Geistliche, oder wenigstens nicht er allein, sondern — was wohl als unzweifelhaft betrachtet werden kann — die ganze im Gotteshause versammelte Gemeinde ist. Das Reichsgericht hat diesem Bedenken merkwürdigerweise so gut wie gar keine Beachtung geschenkt, obwohl in der Wissenschaft fast Einstimmigkeit darüber herrscht[1]), daß eine derartige Berechtigung dem Benöthigten nicht zusteht, daß vielmehr die bei Ausübung der Nothwehr begangenen Handlungen, welche Rechtsgüter dritter Personen verletzen, ausschließlich vom Gesichtspunkt des Nothstandes beurtheilt werden müssen[2]).

Das Strafgesetzbuch kennt außer dem § 53 noch zwei andere Fälle, bei welchen die Noth unter Umständen strafausschließend wirkt, nämlich wenn unwiderstehliche Gewalt, Drohung oder Nothstand vorliegt. Die beiden Paragraphen lauten:

§ 52. Eine strafbare Handlung ist nicht vorhanden, wenn der Thäter durch unwiderstehliche Gewalt oder durch eine Drohung, welche mit einer gegenwärtigen, auf andere Weise nicht abwendbaren Gefahr für Leib oder Leben seiner selbst oder eines Angehörigen verbunden war, zu der Handlung genöthigt worden ist.

Als Angehörige im Sinne dieses Strafgesetzes sind anzusehen: Verwandte und Verschwägerte auf- und absteigender Linie, Adoptiv- und Pflege-Eltern und -Kinder, Ehegatten, Geschwister und deren Ehegatten und Verlobte.

§ 54. Eine strafbare Handlung ist nicht vorhanden, wenn die Handlung außer dem Falle der Nothwehr in einem unverschuldeten, auf andere Weise nicht zu beseitigenden Nothstande zur Rettung aus einer gegenwärtigen Gefahr für Leib oder Leben des Thäters oder eines Angehörigen begangen worden ist.

Die beiden Paragraphen sind etwas willkürlich auseinandergerissen worden, da sich der Zustand in Gemäßheit des § 52 von dem Nothstande nur regelmäßig dadurch unterscheiden wird, daß die erstgedachte Nothlage durch einen zurechnungs-

---

[1]) Vgl. van Calter, Vom Grenzgebiet zwischen Nothwehr und Nothstand, Zeitschrift für die gesammte Strafrechtswissenschaft, Bd. 12, S. 443. Entgegengesetzter Ansicht sind u. a. Puchelt und Schwarze. Eine ausführliche Zusammenstellung findet sich bei van Calter a. a. O.

[2]) Verhältnißmäßig am ausführlichsten — abgesehen von van Calter — behandeln diesen Punkt Janka, der strafrechtliche Nothstand S. 31, und Stammler, Darstellung der strafrechtlichen Bedeutung des Nothstandes S. 4.

fähigen Menschen hervorgerufen worden ist, während der § 54
die Verursachung durch juristisch zufällige Ereignisse voraus=
setzt. Beide unterscheiden sich aber insofern sehr erheblich von
dem dazwischenliegenden Nothwehrparagraphen, als sie Straf=
freiheit nur bei Gefahr für Leib und Leben, nicht aber zum
Schutze jedes anderen Rechtsgutes gewähren, überdies auch
nicht zur Abwehr der Gefahr von jeder dritten Person, sondern
nur von gewissen näher bezeichneten Angehörigen berechtigen.
Schließlich verlangt § 54 ausdrücklich noch das Unverschuldetsein
der Nothlage, ein Erforderniß, das der § 52 wohl nur deshalb
nicht aufstellt, weil es dort praktisch wenig Werth hat, hin=
gegen der § 53 absichtlich fortläßt, damit auch im entgegen=
gesetzten Falle die Befugnisse des Benöthigten in Kraft bleiben.

Die Bevorzugung des in der Nothwehr Befindlichen ist
demnach recht augenscheinlich, und es fragt sich, wie diese Er=
scheinung zu erklären ist. Naturgemäß kann sich die Recht=
fertigung nur aus dem Unterschiede zwischen Nothwehr und
Nothstand ergeben.

Daß ein großer Theil der Schriftsteller das Vorhandensein
des Thatbestandes des § 54 auch dann als vorliegend erachtet,
wenn der Angriff von einem Unzurechnungsfähigen[1] ausgeht,
war schon erwähnt worden, und ebenso die Widerlegung, welche
diese Ansicht erfahren hat. Mit der bekannten Parömie, im
Nothstande stehe das Recht einem anderen Rechte, in der Noth=
wehr dagegen dem Unrechte gegenüber, wird man sich des=
wegen nicht befreunden können, weil sie, wie Binding treffend
äußert[2], weder ganz genau noch ganz richtig ist.

Am zutreffendsten erscheint es, der Ansicht beizupflichten,
welche auch vom Reichsgericht vertreten wird, daß nämlich ein
rechtswidriger Angriff überall vorliege, wo keine Verpflichtung
besteht, den Angriff über sich ergehen zu lassen. Allerdings
ist daraus immer noch nicht der prinzipielle Unterschied zwischen
Nothwehr und Nothstand ersichtlich. Dasselbe gilt aber von
fast allen Definitionen, welche von letzterem gegeben werden.
Binding zum Beispiel definirt: „Nothstand ist die Lage eines
Menschen, worin er nur durch eine verbotene Handlung ein ge=
fährdetes Rechtsgut erretten oder die Erfüllung einer Rechts=
pflicht ermöglichen kann." In dieser Lage befindet sich indessen
auch der Benöthigte.

---

[1] Zweifel kann es erregen, ob Nothwehr überhaupt gegen alle Angriffe,
welcher Art sie sein mögen, gestattet ist, wenn man, wie hier geschehen ist,
Nothwehr gegen Thiere für zulässig erachtet. Binding, der ebenfalls das
letztere bejaht, (cf. S. 28) behauptet, daß uns die unbeseelte Natur nie angreife.
Doch ist nicht recht einzusehen, welcher prinzipielle Unterschied zwischen dem
Angriffe eines wüthenden Hundes und dem Ansturme einer heranrollenden Lawine
oder einer bedrohlich näherrückenden Feuersbrunst bestehen soll.
[2] a. a. O. S. 760.

Ueber den Rahmen dieser Abhandlung würde es weit hinausgehen, wenn versucht werden sollte, eine erschöpfende Darstellung des Unterschiedes zu geben. Es genügt, wenn wir ihn an dieser Stelle ganz kurz in folgender Weise charakterisiren: In der Nothwehr ist der rechtlich Privilegirte stets der passive, in dem Nothstande stets der active Theil[1]).

Dem Benöthigten müssen demnach nicht nur deswegen größere Befugnisse verliehen werden, weil er einen Angriff ab= wehrt, der in seine Rechtssphäre eindringt, was bei dem im Nothstande Befindlichen nicht der Fall ist, sondern auch um deswillen, weil er, der die Rechtscollision nicht wünschte, vielmehr quieta non movere wollte, in die Zwangslage ge= drängt worden ist, während umgekehrt sein Gegenpart der treibende Theil ist. Schon civilprocessualisch gilt aber der alte Satz, daß der Beklagte, welcher mit dem bestehenden Stande der Rechtsverhältnisse einverstanden ist, günstiger als der Kläger behandelt werden soll. Favorabiliores rei potius quam actores habentur.

Aus der hier aufgestellten Begriffsbestimmung ergiebt sich bezüglich des in Frage stehenden Falles dasselbe Resultat, zu welchem die herrschende Meinung gelangt ist, daß nämlich der Angeklagte sich den übrigen Zuhörern der Predigt gegenüber im Nothstande und nicht in der Nothwehr befand. Denn diese haben seine Nothlage nicht verursacht.

Von denen, welche in diesem Falle das Vorhandensein des Nothstandes leugnen, begründen Puchelt und Schwarze ihre entgegengesetzte Meinung nicht[2]). Das letztere thut jedoch

---

[1]) Selbstverständlich ist dieser Satz cum grano salis zu verstehen. Wie man im Strafrecht unter Handlung regelmäßig auch Unterlassung versteht, so kann umgekehrt in dem Beharren eine Provocation liegen, wenn man nämlich gerade verpflichtet ist, etwas zu thun, z. B. sich bei Aufforderung des Berech= tigten oder der Obrigkeit zu entfernen. Dieses Sichnichtentfernen ist dann ein „Angriff" im Sinne des § 53 St. G. B's. — Die daraus sich ergebenden Folgerungen, daß man z. B. bei provocirter Nothwehr, ferner gegenüber dem rechtmäßigen Einschreiten von Beamten oder gegenüber der Vertheidigung des Benöthigten — da man ja in Wahrheit das eigentliche agens ist — nicht die Befugnisse des § 53 hat, dürften nicht unerfreulich sein.

[2]) In gewissem Sinne gehört auch Binding hierher, da er nur die kurze Bemerkung macht (S. 750): „Wenn aber zur Nothwehr erforderlich ist die Ver= letzung von Rechtsgütern eines Andern als des Angreifers — dieser führt etwa fremde Waffen — so konkurriren Nothwehr= und Nothstandslage allerdings mit einander, und die Nothstandsverletzung wird insofern statthaft, als sie zur Noth= wehr erforderlich ist." — Es ist zweifellos richtig, daß bei einem mit Waffen geführten Angriffe fremde Sachgüter vernichtet werden dürfen, da ja regelmäßig eine Gefahr für Leib und Leben vorhanden sein wird. Eine ganz andere Frage aber ist es, ob das Gesetz bei Angriffen auf den geringfügigsten Gegenstand jedes beliebige Rechtsgut eines unschuldigen Dritten, also auch dessen Leben, zu opfern gestattet. — Uebrigens braucht wohl nicht betont zu werden, daß hier keine aberratio ictus vorliegt.

van Calker, der seinerseits als principiellen Unterschied zwischen den beiden Nothlagen die Richtung ansieht, welche der in Gefahr Befindliche bei seiner Vertheidigung einschlägt. Deshalb ist für ihn die Nothwehrhandlung auch dann rechtmäßig, wenn der Benöthigte wußte, daß seine Vertheidigungshandlung wahrscheinlich oder sogar nothwendig eine dritte Person mitverletzen mußte. Nach seiner Theorie ist es deshalb erlaubt, auf den Angreifer zu schießen — um bei dem von ihm selbst angeführten Beispiel zu bleiben — obwohl man weiß, daß ein Dritter sich hinter ihm befindet und trotzdem man vorhersieht, daß die Kugel in Folge ihrer enormen Durchschlagskraft auch ihn tödten muß. Hiernach würde man unter Umständen vorsätzlich sogar den Landesherrn niederschießen dürfen. Auch bei Verfolgung eines Diebes[1] auf belebter Landstraße kann der Benöthigte hinter ihm her ein Schnellfeuer eröffnen, unbekümmert ob hier oder dort ein harmloser Passant zu Boden sinkt, wenn nur die „Richtung" auf den Flüchtling gewahrt bleibt.

Die Haltlosigkeit seiner Theorie räumt van Calker insofern selbst ein, als er am Schlusse seiner Abhandlung äußert, es wäre gerechtfertigt, daß nicht schlechthin die Vertheidigungshandlung in ihrem ganzen Umfange aus dem Gesichtspunkte der Nothwehr als straflos betrachtet werde, sondern nur die Verletzung des Angreifers.

So bliebe denn nur noch die Begründung des Reichsgerichts zu prüfen übrig. Der höchste Gerichtshof stellt den Grundsatz auf: „Das Recht der Selbstvertheidigung gilt überall, wo die Voraussetzungen des § 53 St. G. B's vorliegen; das Recht braucht dem Unrecht nirgends zu weichen; Nothwehr ist gegen Jedermann und überall zulässig, so weit die gesetzlichen Voraussetzungen zutreffen. Auch der Ort steht vorliegend der Zulässigkeit der Vertheidigung nicht entgegen, die Heiligkeit des Ortes mußte den Angreifer abhalten; der Angegriffene tritt dem Unrechte da entgegen, wo es geübt wird, er kann den Ort der Vertheidigung nicht wählen; der Ort ist durch den Angriff gegeben, dem Angegriffenen aufgedrängt". Und weiter heißt es etwas vorher: „war der Thäter zu der Handlung aus irgend einem Grunde, z. B. durch seine Dienstpflicht als Beamter, oder kraft seines Hausrechtes, seiner Stellung als Familienoberhaupt u. s. w. befugt, so wohnt derselben der Character der Störung überhaupt nicht bei."

Der Standpunkt des Reichsgerichts ist also kurz gesagt

---

[1] Die herrschende Meinung erblickt hierin, obgleich mit Unrecht, einen Act der Nothwehr.

der, daß ein Recht unter allen Umständen ein Recht bleibe. Er steht in grellem Contraste zu der von Berner vertheidigten Relativität aller Rechte, deckt sich jedoch mit der Anschauung derer, welche den Grundsatz vertreten, ein Unrecht bleibe stets Unrecht und könne auch durch die Noth kein Recht werden, nur daß der Ausgangspunkt ein anderer, nämlich das Unrecht ist. So äußert sich z. B. Geyer ganz energisch folgendermaßen[1]): „Die allein richtige Grundlage für die Lehre vom Nothstande bildet nach unserer Ansicht ein Satz, welcher so evident zu sein scheint, wie die allgemeine Formel, daß a nicht non a ist. Es giebt kein Recht, Unrecht zu thun."

Diese Ansicht jedoch wie die des höchsten Gerichtshofes führt zu unhaltbaren Consequenzen. Nicht unbemerkt möchte es bleiben, daß es ein höchst bedenkliches Unternehmen ist, zur Bekräftigung juristischer Sätze die Hilfe der Mathematik in Anspruch zu nehmen. Denn während hier alle Sätze stets und ohne Ausnahmen gelten, also zwei Dreiecke mit drei gleichen Seiten immer congruent sind, giebt es in der Jurisprudenz schwerlich einen Satz, von dem sich die Ausnahmslosigkeit in gleicher Weise behaupten ließe. Das liegt in der Schwierigkeit begründet, die unzähligen und verwickelten Verhältnisse im Menschenleben derartig zu schabonisiren, daß das aufgestellte Princip stets gewahrt bleibt.

Die Noth ist in der That eine Macht, welche aus Unrecht Recht machen kann. Die Erklärung für diese merkwürdige Erscheinung wird dadurch gegeben, daß schließlich alle Rechtssätze auf die Förderung des allgemeinen Wohls hinauslaufen, und daß es deshalb widersinnig wäre, lieber die Existenzvernichtung eines Menschen zu wollen, als die Durchbrechung einer Rechtsvorschrift[2]). Selbstverständlich wird man aber nicht

---

[1]) Geyer, Zur Lehre vom Nothstand S. 298.
[2]) Deshalb wird es kaum eine Rechtsdisciplin geben, in welcher nicht die Noth modificirend einwirkt. Im Strafrecht wurden die §§ 52—54 schon angeführt, im Strafprozeß spielt die „Gefahr im Verzuge" eine sehr große Rolle (vergl. z. B. die §§ 98. 100. 104 der Strafprozeßordnung). Im Staatsrecht ist der Nothverordnungsartikel (Preußische Verfassungsurkunde vom 31. Januar 1850 Art. 63) erwähnungswerth. Im Kirchenrecht kann im Falle der Noth ein Jude die Taufe vornehmen. Im Privatrecht giebt es einen Nothweg, (schon im römischen Recht ein iter ad sepulcrum) vgl. auch das Postgesetz v. 28. 10. 71 § 17, wonach Postwagen im Nothfalle auf Feldwegen, über Aecker u. s. w. fahren dürfen. Ebenso kann nach § 9 Abf. 2 der Strandungsordnung vom 17. Mai 1874 während der Seenoth der Strandvogt zur Rettung von Menschenleben die erforderlichen Fahrzeuge und Geräthschaften, sowie jeden außerhalb der öffentlichen Wege zum Strande führenden Zugang auch ohne Einwilligung der Verfügungsberechtigten in Anspruch nehmen. Im deutschen Privatrecht entbindet echte Noth (sunnis) z. B. Königsdienst, Feuers

alle Fälle gleichmäßig behandeln können, sondern die Größe
der Gefahr, das Unverschuldetsein einerseits, die Geringfügigkeit
des zu verletzenden Rechtsguts andererseits in Betracht ziehen
müssen.

Wie begrifflich alle strafbaren Handlungen als Verbrechen
im weiteren Sinne bezeichnet werden, aber dennoch ein Unter=
schied gemacht wird, ob man etwa den Kaiser ermordet
(Verbrechen gegen den § 80 St. G. B's.) oder mit Schlitten
ohne Geläute fährt (Verbrechen gegen den § 366 No. 4 St. G.
B's), so muß man auch zwischen den einzelnen Arten des Unrechts
unterscheiden, je nach dem Werthe des verletzten Rechtsgutes.
(Es giebt Rechtsgüter von der Art (z. B. das Hausrecht, das
Recht, das Betreten unserer Grundstücke zu verbieten), daß
ihre Verletzung uns an sich gleichgültig ist, wo lediglich der
Wunsch besteht, daß nicht jedermann sie verletzen darf. Solche
rein einen Affectionswerth habende Interessen — man möchte
sie deshalb Affectionsrechtsgüter nennen — wird man in der
Noth stets verletzen dürfen und insoweit ein wirkliches Noth=
recht anerkennen. Umgekehrt giebt es Rechtsgüter, deren
Verlust wir überhaupt nicht wollen, wie z. B. das Leben.
Diese könnte man absolute nennen. Dazwischen befindet sich
eine ganze Klasse von solchen Gütern, die man unbedingt
weder der ersten noch zweiten Kategorie zurechnen kann.

Collidiren nun zwei Rechtsgüter mit einander — genauer
ausgedrückt müßte man noch hinzufügen: oder Rechtsgüter
mit Rechtspflichten oder lediglich Pflichten mit einander —
(vgl. Binding a. a. O. S. 759) — und liegt weder Noth=
wehr noch ein Verschulden der Collision noch sonstige Aus=
nahmefälle vor, für welche besondere Sätze gelten¹), so
wird man sagen müssen, daß das wichtigere Recht dem-
weniger wichtigen vorgehen muß. Ob ein wirkliches Recht
darauf anzuerkennen ist, kann nicht lediglich davon abhängig
gemacht werden, ob das gesetzlich bestimmt ist, da hierin große
Willkür herrscht. Soll ein Kurier mit wichtigen Staats-

---

brunst, Kriegsdienst u. s. w. vom Erscheinen vor Gericht (vgl. Arthur Schmidt,
echte Noth S. 19 ffg.). Im Völkerrecht giebt es ein droit de relâche
forcée (Recht bei Seegefahr in verbotenen Gewässern zu landen), die Kriegs-
räson d. h. das Recht, die völkerrechtlichen Bestimmungen über Kriegsführung
im Falle der Noth zu verletzen, die Befugniss der Aerzte und des Lazareth-
personals im Falle der Noth von ihrer Waffe Gebrauch zu machen, das
Nothembargo u. s. w. — Schon Christus sprach sich dafür aus, daß man auch
am Sabbath ein Schaf aus der Grube ziehen dürfe (vgl. Evang. Matthäi
12,11).

¹) Z. B. wenn das Uebel vollzogen werden soll, wie an dem Verbrecher,
oder ihm Stand gehalten werden soll in Folge des Berufes wie von Schiffern,
Feuerwehrleuten, Soldaten u. s. w.

depeschen nicht dieselben Rechte haben, wie ein Postkutscher¹)? Demnach läßt sich der Satz nicht rechtfertigen, daß die Noth aus Unrecht kein Recht machen könne, denn der Staat könnte seine Aufgaben garnicht erfüllen, wenn er nicht zahlreichen Personen (Beamten, Eltern, Lehrern u. s. w. vgl. § 16) die Befugniß gäbe, in die sonst durch Staatsgesetze geschützte Rechtssphäre seiner Unterthanen einzudringen.

Umgekehrt läßt sich aber auch der vom Reichsgericht aufgestellte Grundsatz, daß Recht stets Recht bleibe, nicht halten. Nur wenn das Strafgesetzbuch ausdrücklich bestimmt hätte, daß die Ausübung der Nothwehr auch dann rechtmäßig sein solle, wenn dadurch unbetheiligte Dritte vorsätzlich verletzt würden, könnte man dem Urtheile beipflichten. Da das aber keineswegs der Fall ist und wegen der Singularität der Berechtigung nicht herausgelesen werden darf, so kann die Vertheidigung eines Rechtsgutes auf Kosten eines werthvolleren niemals eine straflose Handlung sein.

Fälle analoger Art werden in der Wirklichkeit nicht selten sein. Nehmen wir an, daß mir ein Dieb, während ich bade, einen geringfügigen Gegenstand entwendet und damit auf eine verkehrsreiche Straße flüchtet. Darf ich auch dorthin die Verfolgung im adamitischen Costüm fortsetzen? Gewiß nicht, das Interesse an der Aufrechterhaltung der Sittlichkeit wiegt schwerer als meine werthlose Sache. Die vom Reichsgericht vertheidigte entgegengesetzte Ansicht würde dahin führen, daß ich ihm ungestraft überallhin folgen dürfte, wohl gar in ein Mädchenpensionat oder in die Kirche. Hingegen darf ich selbst in unbekleidetem Zustande mich dorthin begeben, wenn ich vor Mördern fliehe. Denn das absolute Rechtsgut des Lebens steht höher als Sittlichkeit und Andacht.

Keineswegs ist es also gestattet, überall ohne Rücksicht auf fremde Personen seine Rechte auszuüben. Wohin sollte das auch führen? Wer tertio quoque die die Früchte auflesen darf, wird einiger Aepfel wegen die kostbaren Blumenbeete des Nachbarn nicht zertreten, und ebensowenig wird man

---

¹) Nach der Betriebsordnung für die Hauptbahnen Deutschlands vom 5. Juli 1892 ist das Betreten der Bahn nur gewissen im § 54 namentlich aufgezählten Beamten, wie Staatsanwälten, Polizeibeamten u. s. w., sofern sie sich in Ausübung ihres Amtes befinden, gestattet. Zuwiderhandelnde unterliegen nach § 62 einer Geldstrafe bis zu 100 Mk. Soll nun ein Gefangenentransporteur, falls er zu keiner von diesen Beamtenklassen gehört, nicht das Recht haben, dem aus dem Zuge springenden Gefangenen nachzuspringen, und zwar nur deshalb nicht, weil er im § 54 nicht erwähnt wird? Muß man nicht vielmehr annehmen, daß auch jede Privatperson unter Umständen das Recht hierzu hat, so wenn man z. B. einen bei der That ertappten Mörder verfolgt, und dieser seine Flucht über die Gleise nimmt?

4

bei Ausübung des Hammerschlag- oder Leiterrechts fremde zum Trocknen ausgebreitete Wäsche betreten dürfen [1]).

Der Gerichtsvollzieher, der einen säumigen Miether ermittiren darf und muß, wird es unterlassen, wenn dieser im Sterben liegt. Die Eltern und Lehrmeister haben ein mäßiges Züchtigungsrecht gegen ihre Kinder und Lehrlinge. Trotzdem dürfen sie dasselbe nicht unbedingt auf offener Straße ausüben oder gar in der Kirche, mag auch eine justa causa vorliegen, etwa weil der Junge während der Predigt eingeschlafen ist. Ehegatten haben das Recht und die Pflicht, sich beizuwohnen, aber gewiß nicht überall. Ebenso wird man wohl einem Polizeibeamten gestatten, einen überaus gefährlichen Einbrecher auch während des Gottesdienstes festzunehmen, weil er sonst entschlüpfen würde, aber gewiß nicht jemanden, der nur eine Uebertretung begangen hat, mögen immerhin die Voraussetzungen einer Verhaftung (§ 112, 2 St. P. O.) vorliegen.

Wie demnach das Reichsgericht den Grundsatz aufstellen konnte: „war der Thäter zu der Handlung aus irgend einem Grunde, z. B. durch seine Dienstpflicht als Beamter oder kraft seines Hausrechts, seiner Stellung als Familienhaupt u. s. w. befugt, so wohnt derselben der Character der Störung überhaupt nicht bei" ist nicht recht erfindlich, noch unerfindlicher aber, daß man über diese Cardinalfrage mit den Worten hinweggehen konnte: „daß durch den abwehrenden Zwischenruf des Angeklagten die Anbacht der versammelten Gemeinde gestört wurde, die Handlung des Angeklagten insofern auch gegen Dritte wirkte und diese belästigte, erscheint bei gegebener Sachlage unerheblich."

Weil ein uns zustehendes Recht keineswegs unter allen Umständen und gegen Jedermann geltend gemacht werden kann, und insbesondere in der Nothwehr die Verletzung Rechtsgüter Dritter nicht erlaubt ist, kann die That des Angeklagten günstigenfalls vom Standpunkte des § 54 beurtheilt werden, der jedoch wiederum keine Straflosigkeit zur Rettung der Ehre gewährt.

Folglich liegt kein Strafausschließungsgrund vor, und es hätte demnach für die Handlung des Angeklagten die im § 167 vorgesehene Bestrafung eintreten müssen.

Wollte man aber wegen der schlechten Fassung des § 54 auch außer Leib und Leben noch die Ehre als zu schützendes Rechtsgut gewaltsam und im directen Widerspruch mit den Bestimmungen dieses Paragraphen hineininterpretiren, so würde

---

[1]) Darum sollen Gerechtigkeiten „civiliter" ausgeübt werden.

dem Angeklagten das nicht nützen, denn dem Erforderniß der Verhältnißmäßigkeit, welches im Falle des Nothstandes fast allgemein anerkannt ist (cf. S. 23), ist nicht Genüge geleistet, da das Rechtsgut des religiösen Friedens höher steht als das Interesse, gegen einfache Ehrenkränkungen geschützt zu sein.

§ 18.

Somit zeigt sich, daß de lege lata sämmtliche drei Bedenken, die wir im Eingange der Abhandlung aufgestellt hatten, gerechtfertigt sind. Im Widerspruche mit der Entscheidung des Reichsgerichts kommen wir dadurch zu einem Ergebniß, wonach auch unter dem geltenden Rechte dem Gottesdienste derjenige Schutz gewährleistet erscheint, welcher für die Aufrechterhaltung der Ruhe und Würde desselben billiger Weise nur gefordert werden kann. Hinter dieser berechtigten Forderung bleibt das geltende Recht nicht zurück.

Denn stört jemand den Gottesdienst, um den Geistlichen an dem Weitersprechen beleidigender Aeußerungen zu hindern, so macht er sich des Vergehens gegen den § 167 St. G. B's. schuldig. Ein Strafausschließungsgrund steht ihm nicht zur Seite, da der § 53 dem Benöthigten nur gestattet, Rechtsgüter des Angreifers zu verletzen, hier aber der Friede des Gottesdienstes als ein Rechtsgut Dritter in Frage steht. Das geltende Recht geht aber auch bei sinngemäßer Interpretation über die Grenze des berechtigten Schutzes des Gottesdienstes nicht hinaus. Bedient sich nämlich der Geistliche so ehrenrühriger Ausdrücke, wie sie mit der Würde des Ortes unvereinbar sind, so bricht er den Frieden des Gottesdienstes und können Reactionen gegen sein Verhalten aus dem Schooße der Gemeinde deshalb nicht mehr als Störung des gottesdienstlichen Friedens betrachtet werden. Sollte aber ein Geistlicher sich soweit vergessen, daß er zu Angriffen auf Leib und Leben seiner Zuhörer überginge, so würde dem Angegriffenen der Schutz des § 54 St. G. B's. zur Seite stehen. Aber auch in diesem Falle würde man annehmen müssen, daß ein Vergehen gegen § 167 des Strafgesetzbuchs Seitens desjenigen, welcher dem Angegriffenen, obwohl er kein Angehöriger ist, zu Hilfe kommt, nicht vorliegt, da durch die Handlungsweise des Geistlichen bereits der Gottesdienst gestört ist.

Selbst wenn man jedoch dem Reichsgericht auf das Gebiet folgen wollte, dessen Inbetrachtkommen wir im Princip mit Entschiedenheit verneinen müssen, und die Störung des Gottesdienstes vom Gesichtspunkte der Nothwehr aus beurtheilt, so würde wegen des Erfordernisses der Verhältnißmäßigkeit die Berechtigung zur Unterbrechung der Predigt nur dann anzu-

4*

erkennen fein, wenn Seitens des Predigers ein bewußter An=
griff auf die Rechtsordnung vorläge, wenn er sich also
selbst außerhalb des Bodens des Rechts stellen will.
Sofern das nicht der Fall ist, tritt Bestrafung ein. Nament=
lich kann von Nothwehr keine Rede fein, wenn der Geistliche
sich lediglich solcher Aeußerungen bedient, welche bei Erfüllung
seiner Berufspflichten nicht zu vermeiden sind.

Der Geistliche ist in dieser Hinsicht mit dem Gerichts=
vorsitzenden verglichen worden, und einige Stellen im Reichs=
gerichtsurtheil veranlassen uns, noch einmal darauf zurück=
zukommen.

Zwar hinken alle Vergleiche, aber trotzdem läßt sich sehr
wohl eine Parallele ziehen zwischen der Stellung des Geistlichen
zu den räudigen Schafen der Gemeinde und des Präsidenten
zu den für schuldig befundenen Angeklagten. Denn beide
dringen in die sonst rechtlich geschützte Sphäre der Apostrophirten
ein, weil sie sich nicht verhalten haben, wie sie sollten, die
Sünder in religiöser, die Verbrecher in rechtlicher Hinsicht.

Hierbei fällt aber der Vergleich noch zu Ungunsten der
Juristen aus. Es existirt kein Zwang[1]), in die Kirche zu gehen,
wie ja auch jedem jederzeit freisteht, aus der Landeskirche
auszutreten. Hat sich daher jemand so verhalten, daß er
vom religiösen Standpunkt aus offenbar Tadel verdient, so
mag er dem Gottesdienst fernbleiben. Es ist deshalb nicht
zutreffend, wenn das Reichsgericht sagt: „Der Angegriffene
tritt dem Unrechte da entgegen, wo es geübt wird, er kann
den Ort der Vertheidigung nicht wählen. — Auch der Ort
steht vorliegend der Zulässigkeit der Vertheidigung nicht ent=
gegen; die Heiligkeit des Ortes mußte den Angreifer abhalten.“
Denn dem Prediger kann doch nicht zugemuthet werden, deshalb
über eine Sache zu schweigen, weil sich unter den Zuhörern
eine daran betheiligte Person befindet. Da könnte er ja unter
Umständen jahrelang warten. Hingegen passen die citirten
Worte genau auf die öffentliche Gerichtssitzung, denn ihr kann
man als Angeklagter oder Zeuge nicht aus dem Wege gehen,
weil ein gesetzlicher Zwang zum Erscheinen vorhanden ist.
Deshalb bedarf man eines Schutzes gegen dort fallende Injurien
— die ebenfalls mit der Würde des Ortes unvereinbar sein
müßten — viel dringender als in der Kirche.

11. E. wäre es ein höchst bedauerliches Zeichen der Zeit,
wenn es je üblich werden sollte, daß der Präsident dem An=
geklagten, der einen brutalen Raubmord oder ein von thierischer
Rohheit Zeugniß ablegendes Sittlichkeitsverbrechen begangen

---

[1]) d. h. kein gesetzlicher. Der religiöse Standpunkt ist hier absichtlich
unberücksichtigt geblieben.

hat, in den verbindlichsten Formen Mittheilung machen würde, daß er sich gegen die §§ 211 bez. 176 St. G. B's. vergangen hätte. Wo in aller Welt soll denn überhaupt einem solchen Lumpen noch die Verworfenheit seiner Handlungsweise eindringlich vorgehalten werden, wenn nicht in dem Tempel der Rechtspflege von ihren berufenen Hütern, dem Vorsitzenden und dem Staatsanwalt?[1]) — Soll wirklich dem durchaus berechtigten Gefühle der Entrüstung über menschliche Bosheit und Verkommenheit, welches jeden wahrhaft sittlichen Character befällt, unter allen Umständen ein Riegel vorgeschoben werden? Gewiß nicht! Aber ebenso gerechtfertigt ist das Verlangen, daß gleiches Recht für alle gilt.

Zweierlei ist demnach nur möglich. Entweder man räumt die Richtigkeit der hier gemachten Deductionen ein, dann ist sowohl gegen den Gerichtspräsidenten als auch gegen den Prediger, solange sie sich innerhalb der zur Wahrung der Gerechtigkeit oder Religiosität gezogenen Schranken halten, keine Nothwehr zulässig, oder man stellt sich auf den Standpunkt des Reichsgerichts, muß dann aber consequenterweise dem Angeklagten wie jedem unbetheiligten Zuhörer im Gerichtssaale das Recht der „erforderlichen" Vertheidigung zugestehen, ohne daß darin der Thatbestand einer Ungebühr zu finden wäre.

---

[1]) Selbstverständlich beziehen sich diese Bemerkungen nur auf überführte Verbrecher.

Anhang.

Ist Nothwehr gegen begonnene und weiter drohende be=
leidigende Angriffe, welche der Geistliche sich gelegentlich der
Predigt gegen einen Anwesenden erlaubt, seitens des An=
gegriffenen in der Kirche zulässig, und wird hierdurch die
Strafbarkeit aus § 167 St. G. B.'s. ausgeschlossen?
I. Strafsenat. Urth. v. 24. November 1890 g. V.
I. Landgericht Waldshut.

Das Instanzgericht stellte folgenden Sachverhalt fest:

Am Sonntag, den 24. November 1889 äußerte der evan=
gelische Pfarrer M. in N., welcher mit einem Theile der Ge=
meinde und dem Bürgermeister V. daselbst wegen verschiedener
Vorgänge zerfallen war, in der Kirche bei der Predigt vor
versammelter Gemeinde und in Anwesenheit des Bürgermeisters
V. u. a. zunächst folgendes: seine Predigt sei nicht an die offen=
baren Verächter und Gottlosen gerichtet, diese Feinde des Kreuzes
Christi hätten vor Jahren ihre Feindschaft gegen Gott noch
einigermaßen verdecken können, da der Gräuel der Verwüstung
auch an heiliger Stätte gesessen (damit meinte der Pfarrer
seinen Dienstvorgänger), jedoch können sie dies nicht mehr, da
ihr erheuchelter Heiligenschein heruntergerissen sei u. s. f. Eine
andere Stelle der Predigt lautete dahin: „Die Predigt von Christo
hat diese Menschen unter uns gezwungen, daß sie den Gestank
ihrer Gottlosigkeit überaus stinkend machen mußten; vor fünf
Jahren haben diese Knechte des Teufels ihre Gesinnung und ihr
Lieblingswerk einem Pfarrer angehängt und haben heuchlerisch
vorgegeben, wie sie derlei Dinge verabscheuen" — —: „Nachdem
kam einer von ihnen zu mir in mein Studierzimmer und sagte
mit erheuchelter Gemüthsbewegung und mit feuchten Augen,
wie er so erbaut sei von meinen Predigten und wie noch keine
solchen auf dieser Kanzel gehalten worden seien und sonstige
ekelhafte Heucheleien." Diese Aeußerung bezog sich auf den
Bürgermeister V. und wurde von den Hörern und dem Bürger=
meister auch so verstanden. Der letztere erhob sich und rief
dem Pfarrer die Worte: Ruhe! Ruhe! zu und verließ mit
einigen anderen Personen, übrigens ohne alles Geräusch, die

Kirche. Nach der Angabe des Pfarrers trat hierdurch eine eigentliche Unterbrechung der Predigt nicht ein, obwohl derselbe im ersten Moment nach dem Auftritte von seinem wohl memorirten Koncepte abwich und wenige nicht darin befindliche Sätze einschaltete, bis er den verlassenen Faden seiner Rede wieder fortsetzte. Als der Pfarrer im Verlaufe seiner Predigt, in welcher er u. a. von Huren und Ehebrechern sprach, sowie daß in der Gemeinde selten sich eine Frauensperson vorgefunden habe, welche keusch in den Stand der Ehe getreten, hierdurch noch weitere Gemeindemitglieder verletzte, verließen noch etwa 15 Personen die Kirche. Bürgermeister B., wegen Vergehens gegen §§ 167, 339, 73 St. G. B's. angeklagt, stützte seine Vertheidigung darauf, daß er durch die Worte: „Ruhe! Ruhe!" lediglich sich selbst gegen die von seiten des Predigers ihm drohenden weiteren beleidigenden Angriffe habe wehren wollen. Das Instanzgericht nahm an: Der Angeklagte sei nicht als Bürgermeister, als Beamter, welchem die Verwaltung der Ortspolizei nach der badischen Gemeindegesetzgebung zusteht, sondern nur als Privatperson gegen die von dem Prediger gegen ihn von der Kanzel herab gemachten persönlichen Angriffe aufgetreten, diese Angriffe hätten in Wirklichkeit Beleidigungen, Verletzungen der persönlichen Ehre (§ 185 St. G. B's.) des B., zu welchen der Pfarrer kraft seines Amtes nicht berechtigt gewesen, enthalten und seien zur Zeit des Zurufes noch nicht abgeschlossen, es seien vielmehr noch weitere beleidigende Aeußerungen zu erwarten gewesen; der Angeklagte habe daher im Stande der Nothwehr sich befunden und seine Vertheidigung maßvoll geführt, eventuell habe er jedenfalls im guten Glauben an sein Vertheidigungsrecht und ohne den von § 167 St. G. B's. erforderten Vorsatz gehandelt. Das Instanzgericht sprach deshalb den Angeklagten B. frei; die Staatsanwaltschaft legte Revision ein; dieselbe wurde verworfen.

Aus den Gründen:

Die Revision der Staatsanwaltschaft gegen das freisprechende Urtheil ist unbegründet. Wie das Reichsgericht bereits ausgesprochen hat,

Entsch. d. R. G's. in Straff. Bd. 16. S. 15,

ist die Strafbarkeit aus § 167 St. G. B's. (die Anklage aus § 339 St. G. B's. steht nicht mehr in Frage) ausgeschlossen, wenn der Handelnde zu der Handlung, welche an sich eine Störung des Gottesdienstes darstellt, berechtigt war; die Widerrechtlichkeit des Thuns ist die aus dem Deliktsbegriffe sich unmittelbar ergebende und daher selbstverständliche Voraussetzung für die Anwendung des § 167 St. G.-B's.; war der

Thäter zu der Handlung aus irgend einem Grunde, zum
Beispiel durch seine Dienstpflicht als Beamter, oder kraft
seines Hausrechts, seiner Stellung als Familienhaupt u. s. w.
befugt, so wohnt derselben der Charakter der Störung über=
haupt nicht bei. Dieser Grundsatz führt nothwendig zu der
vom Instanzgerichte getroffenen Entscheidung. Die in einem
Reichsgerichtsurtheile,

Entsch. d. R. G's. in Straff. Bd. 10, S. 43.

offengelassene Frage, welche Schutzmittel gegen Ausschreitungen
des Geistlichen beim Gottesdienste bestehen, und unter welchen
Voraussetzungen in der Kirche ein berechtigtes Einschreiten
gegen Handlungen eines Geistlichen erfolgen könne, ist für
den vorliegenden Fall, in welchem ein gegenwärtiger rechts=
widriger Angriff des Geistlichen auf die Ehre des Angeklagten
und die Nothwendigkeit der Vertheidigung zur Abwendung
desselben vom Instanzgerichte thatsächlich festgestellt ist, richtig
dahin beantwortet, daß eine strafbare Handlung des Angeklagten,
welcher dem Geistlichen während seiner beleidigenden Ausfälle
gegen ihn in der Predigt Ruhe gebot, nicht vorhanden, da
dieselbe durch Nothwehr gerechtfertigt war. Das Recht der
Selbstvertheidigung gilt überall, wo die Voraussetzungen des
§ 53 St. G.=B's. vorliegen; das Recht braucht dem Unrechte
nirgends zu weichen; Nothwehr ist gegen jedermann und überall
zulässig, soweit die gesetzlichen Voraussetzungen zutreffen, d. h.
soweit ein gegenwärtiger rechtswidriger Angriff bestand, zu
dessen Abwendung die Vertheidigung erforderlich war. Der
§ 53 St. G.=B's. hat nicht bloß einen gegen die Person eines
Anderen geführten Angriff, sondern, wie die Allgemeinheit der
Fassung zeigt und die Motive ausdrücklich hervorheben, jeden
Angriff auf Leib, Leben, Ehre oder Vermögensgegenstände,
jeden Eingriff in die Rechtssphäre einer anderen Person im
Auge; Nothwehr ist also auch zur Abwehr von Beleidigungen
statthaft. Der Umstand, daß der Angriff von einem Geistlichen
ausging, schließt das Vertheidigungsrecht nicht aus; bei Unter=
stellung eines Angriffes auf das Leben, auf die Keuschheit
wird hieran niemand zweifeln, dasselbe gilt aber auch vom
Angriffe auf die Ehre. Auch der Ort steht vorliegend der
Zulässigkeit der Vertheidigung nicht entgegen; die Heiligkeit
des Ortes mußte den Angreifer abhalten; der Angegriffene
tritt dem Unrechte da entgegen, wo es geübt wird, er kann
den Ort der Vertheidigung nicht wählen; der Ort ist durch
den Angriff gegeben, dem Angegriffenen aufgedrängt. Das
Weggehen aus der Kirche konnte den Angeklagten gegen die
Fortsetzung der Beleidigung nicht schützen; er hörte sie zwar
dann nicht mehr; der Geistliche konnte aber erst recht vor
der versammelten Gemeinde den Vorsteher derselben zu schmähen

fortfahren; das Verlassen der Kirche war also kein Mittel der Abwehr. Die ausdrückliche Bezeichnung des Angeklagten, die Nennung des Namens des Bürgermeisters in der Predigt war nicht Bedingung für die Annahme eines beleidigenden Angriffes; es genügte, daß die Aeußerung, in welcher die Beleidigung gefunden wurde, erkennbar den Bürgermeister betraf; der Angriff des Predigers galt, wie festgestellt, der Ehre des Bürgermeisters; der Angriff war nicht abgeschlossen, nicht beendet, als der Angeklagte sich zur Abwehr erhob und „Ruhe!" rief; es waren, wie gleichfalls feststeht, weitere Beleidigungen zu erwarten, und diesen sollte halt geboten werden; die Angriffe des Geistlichen waren auch rechtswidrig; die Rechtswidrigkeit ist überall gegeben, wo nicht der Angegriffene verpflichtet ist, den Angriff über sich ergehen zu lassen; wenn nun auch der Geistliche den Beruf hat, durch Belehrung, Ermahnung und Tadel auf Besserung hinzuwirken, so hat er doch nicht das Recht zu Ehrenkränkungen, und der Betroffene hat nicht die Pflicht, persönliche Beleidigungen hinzunehmen; der Tact des gebildeten Mannes wird die Grenzlinie hier leicht zu finden wissen; der Angeklagte aber durfte die Aeußerung des Geistlichen als einen Angriff auf seine Ehre auffassen, da die betreffenden Worte, wie das Instanzgericht feststellt, Beleidigungen enthielten. Daß durch den abwehrenden Zwischenruf des Angeklagten die Andacht der versammelten Gemeinde gestört wurde, die Handlung des Angeklagten also insofern auch gegen Dritte wirkte und diese belästigte, erscheint bei gegebener Sachlage unerheblich. Die thatsächlichen Feststellungen bezüglich der Nothwehr des Angeklagten lassen hiernach in keiner Richtung einen rechtlichen Verstoß erkennen und tragen allein schon die Freisprechung, so daß es auf den weiteren Inhalt der Urtheilsgründe nicht ankommt. War hiernach die That des Angeklagten Nothwehr, so war sie auch kein grober Unfug; es ist daher auch die diesfallsige Proceßrüge der Revision unbeachtlich. Das Rechtsmittel war hiernach zu verwerfen.

Carl Heymanns Verlag, Berlin W.

Die

Verfassungs- und Verwaltungsgesetze

der

evangelischen Landeskirche in Preußen

mit besonderer Rücksicht auf die östlichen Provinzen

von

Hitze,

Ober-Konsistorialrath,
Juristischem Mitgliede des Königl. Konsistoriums der Provinz Sachsen.

Vorzugspreis bis 1. Januar 1894 M. 10.

Die neueren Gesetze

auf dem Gebiete

des

Preußischen Volksschulwesens.

Zusammengestellt und erläutert

von

Pogge,

Ober-Regierungsrath.

Preis M. 5, geb. M. 6, bei postfreier Zusendung je M. 0,30 mehr.

Carl Heymanns Verlag, Berlin W.

Die

Theologischen Prüfungen

enthaltend

die Instruction
pro licentia concionandi et pro ministerio

vom 12. Februar 1799

nebst

allen bis zur Gegenwart ergangenen Ergänzungen.

Vierte verbesserte Auflage.

Preis M. 1,20, bei postfreier Zusendung M. 1,30.

Die

Prüfungsvorschriften

für den

Unterricht an höheren und niederen Schulen

in Preußen.

Siebente vermehrte und verbesserte Auflage.

Preis M. 1,60, bei postfreier Zusendung M. 1,70.

Carl Heymanns Verlag, Berlin W.

Schriften der Centralstelle
für
Arbeiter-Wohlfahrtseinrichtungen.

Heft 1.

Die Verbesserung der Wohnungen.

Vorberichte und Verhandlungen
der
Konferenz vom 25. und 26. April 1892
nebst
Bericht über die mit derselben verbundene Ausstellung.
Mit 208 Abbildungen im Text.
Preis M. 8, geb. M. 9, bei postfreier Zusendung je M. 0,30 mehr.

Heft 2.

Die zweckmäßige Verwendung
der
Sonntags- und Feierzeit.

Vorberichte und Verhandlungen
der
Konferenz vom 25. und 26. April 1892.
Preis M. 2, bei postfreier Zusendung M. 2,10.

Heft 3.

Die Spar- und Bau-Vereine
in Hannover, Göttingen und Berlin.
Eine Anleitung
zur
praktischen Bethätigung auf dem Gebiete der Wohnungsfrage.
Preis M. 2,40, bei postfreier Zusendung M. 2,50.

Heft 4.

Hülfs- und Unterstützungskassen.
Fürsorge für Kinder und Jugendliche.

Vorberichte und Verhandlungen
der
Konferenz vom 21. und 22. April 1893.
Preis M. 3,60, bei postfreier Zusendung M. 3,80.

Buchdruckerei „Die Post", Berlin, Zimmerstr. 94.